阅读成就思想……

Read to Achieve

心理学与商业应用系列

INKED The Ultinmate Guide to Powerful Closing and Sales Negotiation Tactics that Unlock YES Seal the Deal

销售谈判
用心理学破解成交困局
就是一场心理战

[美]杰布·布朗特
(Jeb Blount)
著

赵晓英
译

中国人民大学出版社
·北京·

图书在版编目（CIP）数据

销售谈判就是一场心理战：用心理学破解成交困局／（美）杰布·布朗特（Jeb Blount）著；赵晓英译. -- 北京：中国人民大学出版社，2025. 1. -- ISBN 978-7-300-33287-1

I. F715.4

中国国家版本馆 CIP 数据核字第 2024H430Y3 号

销售谈判就是一场心理战：用心理学破解成交困局
[美]杰布·布朗特（Jeb Blount）　著
赵晓英　译
XIAOSHOU TANPAN JIUSHI YI CHANG XINLIZHAN : YONG XINLIXUE POJIE CHENGJIAO KUNJU

出版发行	中国人民大学出版社		
社　　址	北京中关村大街 31 号	邮政编码	100080
电　　话	010-62511242（总编室）		010-62511770（质管部）
	010-82501766（邮购部）		010-62514148（门市部）
	010-62515195（发行公司）		010-62515275（盗版举报）
网　　址	http://www.crup.com.cn		
经　　销	新华书店		
印　　刷	天津中印联印务有限公司		
开　　本	890 mm×1240 mm　1/32	版　次	2025 年 1 月第 1 版
印　　张	8.5　插页 1	印　次	2025 年 1 月第 1 次印刷
字　　数	204 000	定　价	79.90 元

版权所有　　侵权必究　　印装差错　　负责调换

推荐序

人生就是一场谈判，在销售中更是如此，但现实令人费解的是，在销售中很少有人接受过适当的谈判训练。

这本书非常值得一读，书名也简明精练。杰布·布朗特在这本书中为我们提供了销售谈判的终极指南。《销售谈判就是一场心理战》不仅会帮你成为一位谈判大师，而且还会助你完成更多交易，并且以更优惠条款和更高利润达成交易。

在如今的买家眼里，许多销售团队和销售人员不过是商贩或做推销的。这些推销员既没有自己的销售流程，也不把自己作为价值创造者，这种能力的缺失会导致他们陷入我所说的"采购陷阱"，他们总是默认买家所指定的流程和条款，或接受买方开出的价格。这些不作为的销售人员无法区分自己和买家的对策，因此，也降低了他们赢得（盈利）业务的机会。

作为从业30年的高端销售人员，我阅读过不少销售书籍，但我从《销售谈判就是一场心理战》获得了比其他书中加起来还要多的关于成

销售谈判就是一场心理战：用心理学破解成交困局

功谈判的敏锐见解和经验，我相信你也会有此同感，因为你手里正拿着（或听着）的这本书是由当今最炙手可热的销售培训师专门针对销售专业人士所写。

《销售谈判就是一场心理战》的内容贴合实际、有用，有许多能在交易时派得上用场的理念。如果你想达成更多的交易，赚取更高的佣金，打破配额，并有资格加入总裁俱乐部（顶级销售奖），这本书你值得拥有。

杰布·布朗特受到的邀约不断，他在酒店住的时间比我认识的任何人都要多，人们都亲切地认为他是销售界工作最努力的人，这是因为他教授的东西很有效果！杰布希望读者理解并贯穿《销售谈判就是一场心理战》的一个主题是，销售谈判是融入到销售过程中的，而不是与之分离的。杰布完美地证明了谈判不是一个单一的"东西"，也不是一个简单的方法或技巧。成功的销售谈判需要掌握销售过程、正确的态度、计划、策略、技巧和情商。

准备接受挑战吧，放下你的防御，开拓你的思维。《销售谈判就是一场心理战》揭示了一个残酷的事实，即最能说明问题的（也是最能让人信服的）是，有效的谈判开始和结束于良好的情绪控制。如果我们不能在谈判中出现负面情绪时变得游刃有余，我们将会陷入非常为难的境地。如果像我一样，你的情绪反应经常会使你的谈判偏离正轨，那你将会非常感激杰布强有力的指导，让你克服这些情绪，专注于手头的任务。

对于销售人员来说，提高谈判技巧迫在眉睫，势在必行。如今的买家和采购专业人员正在接受关于公平竞争环境和严格控制采购过程的广泛培训。而《销售谈判就是一场心理战》中的这些理念将帮助你避免被商品化，帮助你赶超你的竞争对手。

  这本书是杰布·布朗特的经典之作，里面囊括了很多实用的建议和例子，却很少提到华而不实的花招和噱头。如果你能将本书中的理念付诸实践，你一定会成为销售谈判大师。祝你阅读愉快！

迈克·温伯格（Mike Weinberg）

《新销售》（*New Sales. Simplified.*）作者

送给我的儿子小杰布。我真为你感到骄傲。把你的太阳镜戴上,儿子,你的前途将一片光明!

目 录

第 1 章　**销售谈判介绍**
销售谈判是一门学科　// 003
销售人员不擅长谈判　// 008
折扣是魔鬼：提高销售谈判技巧的案例　// 014
销售谈判技巧并不是万金油　// 020

第 2 章　**销售谈判的目的就是为了取胜**
销售谈判是为你的团队赢得胜利　// 027
销售谈判规则一：先赢，再谈判　// 034
时机问题：避免谈判转移注意力和反对意见　// 041
销售谈判的四个级别　// 045

第3章　销售谈判策略：动机、杠杆和权力

MLP 策略　// 053

动机　// 054

杠杆　// 069

权力地位　// 083

探索：建立案例的艺术　// 097

资格　// 104

第4章　销售谈判中的情绪自律

七种破坏性情绪　// 117

掌握情绪自控的能力　// 120

放轻松，坚定自信　// 125

情绪传染：人们会以同样的方式回应　// 127

准备与练习　// 130

周旋技巧　// 134

意志力和情感原则是有限的　// 138

客户资源即生命：情感原则背后的秘密　// 140

第5章　销售谈判计划

做好谈判的准备　// 145

权限和不可谈判条件　// 147

利益相关者的谈判档案、谈判清单和 BATNA 排序　// 152

　　制定给予 - 索取清单　// 157

第 6 章　销售谈判沟通技巧

　　高效销售谈判沟通的七个原则　// 171

　　ACED：掌握四种主要的利益相关者沟通风格　// 176

　　共情和结果：双重过程方式　// 183

　　七个有效倾听的妙招　// 190

　　激活自我表露循环　// 194

第 7 章　销售谈判对话框架

　　占据一席之地　// 201

　　发现问题　// 204

　　表明你的立场　// 219

　　达成协议　// 228

　　锁定交易　// 245

　　下一步与相关性竞争　// 249

附录　培训课程、讲习班和演讲　// 257

第1章

销售谈判介绍

销售谈判技巧模型 ™

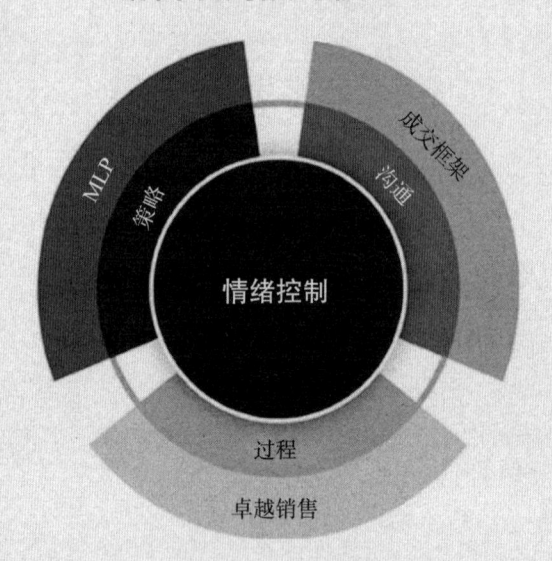

- MLP
- 策略
- 成交框架
- 沟通
- 情绪控制
- 过程
- 卓越销售

第1章 销售谈判介绍

销售谈判是一门学科

那是个漆黑的夜晚，没有星星，又黑又冷。雪还在下，我们与小活动房内的枪手只能通过手机联系。他挟持了三名人质，并威胁要把他们全都杀掉。

当天早些时候，他一怒之下开枪打死了他的妻子。警察接到911报警电话时，他已经把她的父母和继女劫持为人质。

这是一起令人悲伤的家庭暴力事件。试图通过谈判达成和平解决的每一次努力都遭到了阻挠。

我到的时候，现场状况让人绝望。枪手非常激动，向蜷缩在雪地里的特警队开了几枪。他被警察包围了，无处可去。这位暴戾的男人觉得自己已经一无所有了。

无论如何，我必须说服他让步，释放人质。这种谈判的情况我已经经历过很多次了……

现实检验

好了，停！这个故事完全是胡说八道。我是销售专家，不是谈判专家，任何头脑正常的人都不会允许我接近这种情况。别误会我，我几乎每天都在以谈判谋生，但跟上面叙述的不同。在销售行业中，谈判从来都不是生死攸关的事情（尽管有时也会有这种感觉）。

然而，许多谈判书籍都是这样开头的。他们紧张地叙述一些例子，包括史诗般的董事会谈判、应对恐怖分子、谈判人质局势、完成改变游戏规则的合并、解决大规模诉讼或调解国际外交危机。通常，书里的主人公被描绘成英雄，在谈判中完成了不可能完成的事情。

这些故事充满了戏剧性和张力，读起来很有吸引力。这是谈判的艺术。我们喜欢想象自己处于同样的情况下，冷静地施加影响，说服别人，使用巧妙的语言来扭转局面。

但无论故事多么浪漫和引人入胜，它们绝对与销售行业的现实毫无关系。这些书中讨论的故事、例子和技巧通常集中在：

- 在复杂的、高风险的谈判中，双方都有许多选择来替代谈判达成的协议，游戏的名称就是权力博弈；
- 生死关头，双方都无法承担取消交易的风险；
- 如果谈判失败，执法和军事行动将带来可怕的后果；
- 政府、外交和国际关系牵连着整个国家的命运；
- 商业合并和房地产交易；
- 法律和解，包括商标、知识产权和集体诉讼；
- 解决冲突和分歧，包括国内事务纠纷、个人和业务关系问题或合同纠纷；
- 职业发展和薪资谈判；
- 当你是买家时的谈判技巧。

有大量关于个人、商业、外交、法律和执法谈判的作品，这些书中有一些是经典之作，而且许多是畅销书。这些书中的课程（以及伴随的培训计划）都是有用的。

除了一个问题，这些书籍和培训项目都没有解决99%的销售人员每天都会遇到的特殊而快速的谈判问题。

销售培训师别去教销售谈判

在谈判中很少有真正特定于销售的资源。很大一部分原因是人们错误地（也许是傲慢地）认为销售谈判和其他所有类型的谈判是一样的。也就是说，技巧、战术、技术、模式和情况都是一样的，会将销售谈判与外交谈判和律师达成集体诉讼和解协议混为一谈。但它们之间是不一样的。

此外，很少有真正的专家和作者会选择写专门针对销售的谈判书籍。帕特里克·廷尼（Patrick Tinney）的经典之作《解锁"成交"：销售谈判技巧及策略》（*Unlocking Yes: Sales Negotiation Tactics & Strategy*）是极少数例外之一。

坦率地说，许多销售专家和销售培训师都会回避这个话题，因为他们对谈判会感觉到不舒服，觉得这个话题会令人不快。由于这些培训师中的许多人也是糟糕的销售谈判者，销售人员更有可能遇到虚假的废话，而不是真正解决他们在销售谈判桌上实际面临的挑战的培训。

销售谈判很无聊

除此之外，事实就是销售谈判是司空见惯的一件事。当苹果公司和高通（Qualcomm）公司的法律团队坐下来解决专利和版税纠纷，或者当中国和美国的外交官谈判一项贸易协议时，会产生更多的戏剧性。这些谈判毫无例外会登上《华尔街日报》（*Wall Street Journal*）的头版。

但是，还有不一样的例子：

- 玛瑞亚是旧金山一家软件即服务公司的客户主管，她正在与一家来自得克萨斯州韦科市的中端市场公司就软件的每个座位成本进行谈判；
- 乔伊正在与来自宾夕法尼亚州中部的一位农民就新型联合收割机达成协议；
- 杰西卡正在和得梅因的一家小型物流公司的首席执行官洽谈22辆商业卡车的租赁事宜；
- 普拉文正在和新德里一家大型企业商讨一项办公家具合同；
- 肯德拉正在与新加坡一家医院洽谈一项长期设施服务协议；
- 科尔顿正在谈判一项为期三年的安排32名员工入职的协议；
- 我的销售团队里面的罗宾正在为达拉斯的一家公司制定一份培训新员工的协议。

这些常规销售谈判的例子几乎没有人去关注。

只有那些销售专业人员会在意这些谈判，因为他们的薪酬取决于谈判的结果，以及依赖这些销售人员为自己公司创造的利润。

全球每天都有数百万次的销售谈判发生，很少有谈判会上新闻头版。

但是，也有例外。一些全球客户经理正在谈判对企业有深远影响的合同续签事宜。有一些初创企业正在抓住巨大的机遇，如果成功了，它们可以带来大量风险投资。然而，总的来说，与我们这个行业中占主导地位的常规销售谈判相比,这种情况还是很少见的。

然而,在这些普通而平凡的销售谈判中,数十亿美元、卢比、欧元、英镑、比索、人民币或日元(以及其他货币)会经历转手。这些平凡的销售谈判的累积效应会直接影响销售专家代表的企业的盈利能力、市场估值、客户保留和长期生存能力。

术语注释

这本书中出现了很多来描述人、公司和状况的术语。

- 谈判桌(negotiation table):一个象征性的销售谈判平台,可能包括到场会议、电话或视频对话、电子邮件或文本消息。
- 利益相关者(stakeholder):这是你进行互动的潜在客户或当前客户中的个人。利益相关者可以扮演各种购买、影响或谈判的角色。
- 利益相关者群体(stakeholder group):在交易中负责挑选可供选择的供应商的利益相关者群体。
- 买方(buyer):主导销售谈判的利益相关者。
- 预期、账户或客户(prospect, account, or customer):这些术语指的是利益相关者所属的企业、公司或组织。

本书会经常修改术语,以避免重复让读者感到厌烦。此外,我想提醒读者,尽管本文中许多例子描述的是与新客户谈判的,但提到的这些谈判技巧也同样适用于与现有客户谈判。

销售人员不擅长谈判

在正文之前,我想列举一些最近与一个客户经理的谈判记录,他是我的一个供应商。这些都是通过电子邮件完成的。

以下是背景介绍:

- 我已经与这家供应商签订了几份不同服务的合同,并且在工作中合作得很愉快。
- 没有竞争对手参与其中,而且我已经决定把任务交给这家供应商来做,因为我相信他们能把工作做好。
- 我没有其他的选择。
- 在这次交易的前一周,我约见了这位客户经理和她的团队并概述了这个项目。我给了他们一份2.2万美元的粗略预算,并请她寄来一份协议。

一周后的周四上午10点,我收到了这位客户经理的一封电子邮件,要求进行一次电话交谈。我回复她说我在和一个客户一起培训,要到下周才能接听电话,我让她把协议寄过来,她提出了第二天见面的时间。我再次解释说,我正在和客户一起工作,要到下周才能安排电话。

我与这位客户经理的邮件对话如下:

(周四下午2:54)

客户经理通过电子邮件开启了谈判。她回复了一封电子邮件,说她和她的团队已经看了项目的要求,说如果低于3.5万美元就没办法完成这项工作,"即使是3.5万美元这个数目,我们也只能勉强做到收支平衡"。

我:我理解,但那就远远超出了我们这边的预算。请你将详细的工作说明发送过来,我会和我的团队一起看看项目计划中哪些部分我们可以不需要,这样我们就可以把它纳入我们的预算范围。

客户经理(下午5:21):我们能安排哪天早上9点讨论一下这件事吗?

我:不行。我之前已经解释过两次,我和我的一个客户正在做一个培训项目,到下周才能安排时间通电话。请将详细的项目说明书(SOW)发送过来,以便我们做一些调整。我相信稍加努力我们就可以把预算控制在项目预算范围之内,并且成功完成任务。

客户经理(下午6:10):我仔细计算了一下,减到3.2万美元,可行吗?这绝对是我们的最低数目。

(我没有回复。我去了健身房,吃了晚饭,读了一本书,然后早早上床睡觉了。)

客户经理(周五上午9:00):杰布,我又看了一下,我觉得我们可以把价格降到2.9万美元。但这是我们所能给的最低价了,因为你是一个很好的客户。

(注意:她仍然没有把我要求的项目说明书发送给我。我没有回复,因为当时我正在教室里给客户的销售人员进行培训,手机关机了。)

客户经理(下午12:11):杰布,你好,我只是想问问你是否收到了我的最后通知,我们可以只花2.9万美元完成整个项目。需要我把协议送过去吗?

(下午12:51:吃完午饭回来的路上,我瞥了一眼手机,注意到了她的电子邮件。我做完培训后要着急赶到机场,于是把客户经理的邮件标记为未读,然后保存了下来。)

客户经理(下午4点):杰布,好消息!我们整个团队聚在一起商讨认为您是一位非常重要的客户,所以我们可以以2.3万美元的价格完成这个项目。我们喜欢和你以及你的团队一起工作。我知道这比你的预算多了一点。你意下如何?

我(排队登机时的下午4点59分): 好的。请把项目说明书和合同送过来,我们好签字。

就这样,这名客户经理在我毫不费力的情况下放弃了1.2万美元(比她最初的要价低34%)。在这个过程中,她自己的信誉也因此受损。

你可能在心里想:"杰布,很明显这是个例外嘛!这种情况并不经常发生。"

如果你这样想,那你就错了。这种行为很常见,它每天都在发生,到处都在发生。可悲的是,销售谈判中出现的这些失误越来越频繁,而且在月末、季度末和年度末会更加严重。

我看到过我客户的销售人员经常不等利益相关者询问之前就提供他们允许的最大折扣。同样地,他们也会在条款和条件上做出让步,在没有获得利益的情况下赠送辅助性物品。他们毫无情绪控制和纪律。他们认为自己处于弱势地位,所以经常使用折扣和价格让步来招揽客户。

每一本谈判书籍的作者都会很快指出,在商业和生活中,任何事情都需要谈判。作为人类,我们在日常生活中的几乎每一个环节都会很自然地进行谈判。但是,尽管有这个显而易见的事实摆在眼前,尽管销售人员被要求谈判是工作的一部分,但残酷而不可否认的事实是,大多数销售人员都不擅长谈判。

这里有几个原因来说明为什么销售人员在销售谈判中就像便宜的T恤一样被买家宰掉。

情绪控制不足

有效的谈判开始于情绪控制,也结束于情绪控制。当销售人员在谈判中受挫时,就像前面的例子中 90% 以上的情况一样,因为他们无法克服当时产生的破坏性情绪,比如恐惧、不安、愤怒、依恋、渴望、绝望,等等,这些破坏性情绪会导致销售人员失去清晰思考和保持冷静的能力。

缺乏训练

高管和领导会对他们的销售机构施加巨大的压力以达到销售额,然后痛苦地抱怨他们的销售人员谈判不够努力。高管们经常会说,他们的销售人员"在谈判桌上损失太多钱了"。

但是他们极少会在培训销售谈判技巧上投入资金,也没有培训他们的销售经理去树立、指导或强化谈判技巧,他们理所当然地认为销售人员似乎生来就具有有效的谈判能力。

然而,即使公司提供谈判技巧培训,其培训内容和课程往往与销售过程脱节。销售谈判被视为一门独立的学科,而不是一个完整系统的一部分。

更糟糕的是,这些课程通常是由专门教授谈判策略的培训公司提供的,而并没有针对具体销售的谈判技巧内容,而且这些培训师几乎没有销售经验,他们无法将销售过程和销售谈判联系起来。

在我整个 20 多年的销售和生涯中,我只参加过一次谈判培训。当时,我的销售经理用他的个人预算找来了一家谈判培训公司。在那次培训中,我主要学习了如何作为一个买家进行谈判,这对那年我买第一套房子很有帮助。培训一结束，我们觉得教得挺好将来肯定能用到，但后来我们再也没有看过当时教的那些内容。

这些一次性的训练项目感觉都很好，但不会产生长期的效果。领导和销售人员没有意识到销售谈判技巧是会随着时间的推移而无效的。因此，如果公司希望他们的销售人员在更高级别的交易上进行谈判，就必须承诺进行初始和持续的培训。

我给高管们的建议是：如果你想让你的销售人员不再在谈判桌上损失更多的钱，你就必须教给他们高效的销售谈判所需要的核心竞争力、技能、技巧和情商。否则，你就等于把钱留在桌子上了。

未能自我投资

谈判是成为专业销售人员的基本组成部分。无论你是谁，你卖的是什么，你都需要和买家谈判。

我工作过的公司并没有提供太多的谈判培训，因此我的收入受到影响，我意识到如果我不能成为一个更好的谈判者，我就要付出代价。所以，我决定投资自己，使自己变得更好。我阅读所有我能拿到的关于谈判的书籍，自费参加谈判研讨会，并寻找能够帮助我掌握谈判技巧、策略、战术和技巧的人。

在销售领域，当你学得比别人多，你就赚得比别人多。为了成为一名优秀的销售人员，为了保持你的技能更新和敏锐，成为一名销售谈判大师，你必须在书籍、有声读物、研讨会和在线学习项目上投入你自己的金钱、时间和精力。你必须订阅时事通讯、播客、贸易杂志、行业出版物、博客和出版物，以保持对你自己的行业和销售专业的最新了解。

此外，请明智地使用驾驶时间。内部销售人员平均每天要花 1 到 2 个小时在路上，外聘销售代表平均每天要花 4 到 5 个小时在车上。把你的车变成汽车大学，或者把你的通勤变成火车、优步、公交车或飞机大学。

把时间花在学习上，而不是听音乐或电台谈话节目。在你上下班或开车时收听教育和个人发展的音频节目，这可以给你带来相当于大学教育的效果。

想想前面的故事。在一年的时间里，那个客户经理会因为她糟糕的谈判技巧而损失多少佣金？所以别步她的后尘。

买家就是上帝

一般来说，买家在销售谈判桌上拥有更大的权力，并且比销售人员更擅长谈判交易的最终价格，原因如下。

- 培训。采购员，尤其是在采购部门工作的专业采购员，通常都受过专业训练，知道如何与销售人员谈判并取胜。因此，销售人员经常发现自己处于一场业余选手与专家的竞争中，这就像一支本地俱乐部对阵一支职业运动队，天平显然向专业人士倾斜。
- 信息和知识。买家通常比卖家拥有更多的信息。买家已经接受了多个供应商的演示和建议，所以他们有关于规格、产品和服务比较以及价格的信息。一般来说，买家对竞争公司和市场状况的研究要远远多于与他们谈判的销售人员。这些信息使他们在与信息不那么灵通的卖家谈判时具有影响力。
- 替代方案。买家往往比销售人员有更多的选择。这加强了他们的权力地位，让他们在销售谈判桌上可以发挥更大的情绪控制力。

销售渠道空白

销售人员在销售谈判桌上处于弱势地位、缺乏情感自律的首要原因是，他们的销售渠道是空白的。当你的渠道为空白时，你会感到绝望。而当你绝望的时候，你就会无限接近普遍需求法则：

1. 你越需要完成交易，你为完成交易付出的代价就越大。
2. 你越需要完成交易，完成的可能性就越小。

有效的潜在客户和充足的渠道能立即让销售人员成为更好的谈判代表。充足的渠道能助你控制情绪，使你放松、自信，拥有谈判能力，就好像你没有这笔交易一样能应付自如。

折扣是魔鬼：提高销售谈判技巧的案例

销售人员所受的培训通常是要销售价值，而非价格，这话令人作呕。毫无疑问，"销售价值"和"展示价值"这两个词是领导者和培训师反复灌输给你的。

通过建立一个商业案例来证明你和你的公司如何完成重大的商业成果来展示价值，这对你的竞争差异化和提高你在销售谈判桌上的地位都是至关重要的。

在展示价值的同时，帮助利益相关者超越价格来关注总拥有成本（total cost of ownership，TCO），可以更容易地在竞争情况下进行商品之间的比较。

然而，如果我们现实一点，价格的确很重要，因为这是进入比赛的入场券。尽管销售培训师习惯于淡化价格的作用，在基层工作的销售专业人士也深知它的重要性。

- 价格是买家所关注的。
- 价格以及价格附带的条款和条件，将很可能决定如何计算你的佣金或奖金。
- 价格以及价格附带的条款和条件，直接影响你所在公司的利润率。
- 价格是你在销售开始之前谈判和达成一致的东西。
- 价格是你方为了达成交易最有可能给予的折扣。

所以你往往会打折扣。在现实世界中，为了达成交易，你需要做出让步。问题是，大多数销售人员给出的折扣远远超过赢得交易所需的折扣，因为，正如我们之前所说的，他们不擅长谈判。

获得佣金的捷径

销售人员有一个不好的倾向，就是为了获取佣金走捷径。这样一来，他们就会在交易中让自己和雇主损失一大笔钱。

我明白他们这么做的原因，因为我也曾有过那些经历。你非常想达成这笔交易，孤注一掷地把数字写在板上，或者也许只是就想抢先写下某个数字。不顾一切扔出个数字来完成交易，而不是冒着还要与对方谈判却一无所获的风险，确实前者让人感觉更容易、更安全。

在我职业生涯的早期，我的销售经理把我叫到他的办公室。他的桌子上放着一张电子表格，上面记录了我在交易过程中的一个奇怪模式。他指出，只要一完成销售额，我的谈判成绩就很好。那是1月，新销售年的开始。他向我介绍了我在前一年完成销售额之前和之后的图书价格平均折扣情况。

在 9 月的第三周之前,我的账面折扣平均为 22.7%,这是公司在没有管理层批准的情况下允许我降价 20% 的全部余地,再加上我说服领导团队批准的额外折扣,以便完成许多较大的交易。

令人震惊的是,在我计算完当年的折扣后,折扣率发生了变化。他告诉我,每次在我完成销售额后,我的折扣会下降到只有 9%,而我每月签署的平均交易数量实际上却上升了。

我看到那白纸黑字的证据,便知道了真相。一旦我不需要想着完成销售额,我就会以不同的方式接触利益相关者。我开始理直气壮地说不卖就不卖,并会提出我想要的东西。

利益相关者于是会服从我的意愿,我便能以更高的价格出售。我满怀信心地要求对方支付为完成交易通常会冲销的辅助项目的全额费用,并且我获得了更长的合同承诺以及更有利的条款和条件。

在完成我的销售额之前,我担心如果我不给大的折扣,我就会失去销售量,输给我的竞争对手。但数据证明,我的收盘价比率正好相反。尽管我不再分发令人心动的大折扣,但卖出的总价还是上涨了。我以更高的价格完成了一个又一个的交易,我的佣金也越来越多,因为佣金计划会回报高利润交易。正是这些对自己行为的观察,让我对销售谈判产生了兴趣。我开始学习、磨炼和掌握降低打折需求的销售谈判技巧。随着收入的增加,我有更多的钱可以储蓄和投资。我能够最大限度地利用我的 401(k)计划,买一套房子而不是租房。当我环顾四周,我比我的同龄人和朋友挣得多得多。

这个顿悟发生在我 20 多岁的时候。今天,通过复利的魔力,我从大额佣金中攒下的额外资金呈指数级增长。这些投资让我在财富上获得了自由,让我能够创办自己的公司 Sales Gravy,并能在退休后照顾我的家人。

当你折价时,你不只是减少了今天的收入,你也在影响你的储蓄和未来的收入。互联网上就有几十个计算器会告诉你你今天挣的和存的钱的未来价值。

例如,假设通过改进谈判技巧,你今年的收入增加了 1 万美元(保守计算),并将这笔钱用于投资。30 年后,这 1 万美元就算以 5% 的年复利来说,将会增值到 44 677 美元。这可是一大笔钱,而且完全在你的掌控之中。你只需要掌握销售谈判技巧。

> **折扣成本练习 1**
>
> 1. 列出你在过去 12 个月里的每一笔交易。
> 2. 接下来,从你的标准定价中计算每次销售的总折扣(百分比)。
> 3. 把所有折扣加在一起,除以总销售数。这是你的平均折扣率。
> 4. 现在计算你在这些销售中的总佣金、回扣和奖金。
> 5. 最后,拿出计算器和佣金计划,算出如果你将你的平均折扣率降低 5%、10%、15%、20%,等等,你将多赚多少钱。

最大折扣颂歌

销售人员有一个可怕的习惯,就是给出他们最大的折扣,而不是保持他们的杠杆。如果他们有可以放弃 20% 价格的余地以达成交易,他们一开始就会选择给折扣。无论他们的决定是有意识的还是潜意识的，他们都会尽一切可能避免谈判，以迅速得到一个确定，完成交易，然后继续下一个。

与这一坏习惯相一致的是大幅折扣：一次5%、10%和20%。

最近，我在旧金山与一个内部销售团队合作时，观察到了这种行为：开盘时的平均折扣为10%——几乎每一次谈判，每个代表都是以这个折扣开始的，随后的折扣也以10%的幅度调整。

在得到经理的批准之前，这些销售代表还有回旋余地，最多可以打30%的折扣。所有新交易的平均折扣为25%。

我们对该客户的培训目标是，在不减少新客户销售数量或改变销售人员谈判限制的情况下，将平均折扣从25%降低到20%（适度的5%）。我们与销售领导团队合作针对为折扣制定了三条新规则：

降低开盘折扣：开盘折扣不得大于5%。销售代表们对这么多潜在客户同意这个低得多的开局表示惊讶。

模式中断：我们移动到不可预测的增量。不是5%，然后5%，再5%的折扣率，而是将折扣率降至4.7%，然后3.1%，再降至2.4%。这打破了买家期望的打折模式，并要求他们参与到这个过程中。此外，降低每一步的折价率表明折扣底部正在接近。

利用精确数字：人脑认为精确数字（4.7%或47美元）比整数（5%或50美元）更合理。因此，买方很有可能很快同意接受一个更精确的让步，但当让步是整数时，他们会继续谈判。

销售人员按照新规则操作的第一周结束时，封闭式交易的平均折扣从25%降至17%。但让所有人震惊的是，成交的交易数量却增加了！

经过领导团队的计算,在一年的时间里,折扣减少8%,意味着总计新增加了超过3000万美元的销售收入,而且是在不需要再增加人手,也不需要在营销和开发客户上花一分钱的前提下。

当他们将这一数据外推到新客户每月循环收益(monthly recurring revenue,MRR)的终生价值上,考虑到平均流失率和账户扩张的因素,这个数字也超过了2亿美元。这一切加在一起,市场估值便增加了,可以重新投资于增长计划的利润也随之增长,并有了一个可向投资者讲述的精彩故事。

> **折扣成本练习2**
>
> 如果你是一名领导者、主管或企业老板,那么花点时间分析一下,折扣的减少对你的整个销售团队来说会是什么样子的。请执行以下操作:
>
> 1. 列出你的销售人员在过去12个月里的每笔交易。
> 2. 接下来,根据每笔销售的标准定价计算总折扣。
> 3. 把所有折扣加在一起,除以完成交易的总数。这是你们销售团队的平均折扣。
> 4. 算一算。如果你将平均折扣率降低了5%、10%、15%、20%,等等,计算你的组织将增加的销售额和利润,以及这些利润如何影响收入总额和净利润。
> 5. 最后,计算这些折扣对你新账户的终生价值。

就像我上面故事中的客户一样,大多数公司这些数字是令人震惊的。对于我们提供咨询服务的一家公司来说,教授其销售人员在24小时内谈判付款，而不是在交易签署后让客户在五天内付款，这会让公司的利润额外增加 170 万美元。

我建议你与你的领导和财务团队坐下来，详细进行此练习。考虑一下额外的销售收入和利润将如何改变你的组织，以及如何帮助每个销售人员了解将这么多钱"落"在谈判桌上会给他们造成多少个人损失。然后共同制定明确且合理的目标，以更有效的销售谈判策略和战术降低折扣。不过要小心，不要太苛刻，以免导致你意想不到的结果，减少你正在完成的交易数量。记住，这是一种平衡。

在不对销售人员和资本项目进行大量投资，也不增加广告和营销支出的情况下，加快营收增长，同时让营收进一步下降的最简单、最快的方法就是减少折扣。减少折扣的最快途径是教会你的销售人员和客户经理成为更好的销售谈判代表。

销售谈判技巧并不是万金油

我写这本书的目的是给你一个剧本和实战指南，让你成为一个更有效的销售谈判者。虽然这本书主要集中在企业对企业（B2B）销售谈判，但这里面的概念也很容易就能应用到企业对消费者（B2C）销售。

但在销售中很少有一刀切的解决方案，谈判也不例外。在销售行业，掌握形势很重要，很少有非黑即白的情况。

我无法为处理每一种想象得到的销售谈判情况提供明确的指示。对你来说，我在这本书里教的一些东西可能并不适用。所以在我们共同开始旅程时，我们必须承认这一点。

- 谈判的复杂性会随着形势的变化而变化。企业级的、长周期的复杂销售谈判与事务性的、一次通话就结束的讨价还价有很大不同。
- 与为企业工作的利益相关者谈判和直接与企业所有者谈判是不同的。
- 与 C 级和高级管理人员谈判和与中层管理人员做交易是截然不同的。
- 与采购谈判和与参与谈判的利益相关者谈判有很大不同。
- B2B 谈判不同于 B2C 销售中与单个消费者的谈判。
- 实物产品的谈判不同于无形服务的谈判。

然而,作为一名专业的销售人员,无论你的情况如何,你都需要进行谈判。所以,保持开放的心态,自己判断哪些想法、策略、技巧适用于你的特殊情况,并将之发挥出最佳作用。

销售谈判的七个规则

不管是什么情况,都有七条销售谈判规则可以指导你掌握销售谈判技巧。这些规则是本书内容的基础。

我能保证的是,当你将这些规则内化并按照它们行事时,你会成为一个更有效的谈判者,你会为你的公司带来更多的利润,你的收入也会增长。

先赢,再谈判

这是销售谈判的第一条规则,也是大多数销售人员经常违反的规则。在谈判中把握错误的时机会让你早早免费交出你的筹码。在你的利益相关者明确或含蓄地指定你为首选供应商(the vendor of choice,

VOC）之前，不要进行谈判。在那之前，你不是在真正地谈判。你可能会面临价格异议、与竞争对手竞价、使用价格优惠作为差异化工具，或与自己谈判，但你不是在与买家进行销售谈判。

为赢而战

忘记"双赢"的结果，开始为赢而战吧。作为一名销售专家，你的工作是为你的团队赢得胜利。要成为一名有效的销售谈判者，你必须在进入游戏之前对谈判的棋局有一个清晰的认识，并为你的团队赢得胜利。

保护关系

在所有的交易中，除了大多数事务性的交易，关系很重要。如果你想长期留住你的客户，你就不能使用顽固的策略和俗气的谈判话术。所以你必须为你的团队赢得胜利，并保护你与利益相关者的关系。这两种努力并不相互排斥，需要你掌握销售情商和双过程沟通——注重同理心和结果。

情绪控制者胜

在销售谈判桌上，最能控制情绪的人获得他们想要的结果的可能性最大。要想掌握销售谈判的开始和结束，就要控制好你自己的破坏性情绪。

想掌控销售谈判，必须掌控销售流程

掌握销售谈判的真正秘诀是掌握销售流程。没有任何谈判技术、行动、策略以及技巧可以使你免于遵循和执行销售流程的麻烦。在整个销售过程中，要成为对对方有用的亲密伙伴，提出改变的理由，收集你所

需的筹码以最大限度地减少异议，并获得有效谈判的筹码，为团队赢得胜利，就需要在整个销售过程中精益求精。

永远不要把筹码免费给出去

当你拥有别人想要的东西时，你就有了筹码。你可以利用筹码迫使人们改变他们的行为，改变双方态势，向你的立场靠拢，并做出让步。因此，筹码就是货币，而且必须得这样使用。它有价值，所以必须用来交换价值。有效的销售谈判者绝不会在没有得到同等或更高价值的东西作为回报的情况下放弃筹码。

消除和中和替代方案

买家在销售谈判桌上通过用与你谈判结果的替代方案获得权力。他们拥有的选择越多，权力地位就越强，而你的权力地位就越弱。因此，在整个销售过程中，你的首要关注点必须是通过消除或中和买家对与你做生意的备选方案，来提高你的权力地位和获胜的可能性。

把握基本

如果你熟悉我的工作，你就会知道我不会使用那些在现实世界中根本不起作用、只会破坏你信誉的做作和俗气的策略。我关注的是基础的和根本的东西——即使这些基本的东西不是明亮的、闪亮的、新颖或者吸引人的。

我的使命是帮助你成为一个更好的谈判者，让你赚更多的钱。迎合你我做不到。因为残酷的事实是，没有什么灵丹妙药或简单的按钮能让你成为谈判大师，没有任何一招致命的棋能让你每次都在满意的条件下签署协议。

积极的谈判结果很大程度上取决于你是否具备有效地引导和管理销售过程的能力。除此之外，对潜在客户的基本认知、执行销售流程、情绪控制、人际关系技巧和人际影响都在其中发挥作用。

销售谈判通常是快速的、即时的，通过多种沟通渠道进行，你可以通过电话、电子邮件、短信、留言、视频电话、网络聊天以及面对面的方式进行谈判。

而事先安排一个正式的谈判会议，让各方有时间准备和制定战略的情况很少见。你不需要设置舞台、安排房间，或者花几个月的时间和你的团队在作战室里制订一个复杂的战略计划。销售谈判融入了销售过程，而不是与销售过程分离。当然，这也并不意味着你不需要专门为交易完成和谈判安排会议。一些买家会仔细考虑你的建议，然后与你会面商谈并签署协议。

在当代社会，你更可能通过一个简短的临时电话或电子邮件进行谈判，而不是坐在会议室里与买家一次又一次地交流。销售谈判桌，就像许多其他东西一样，已经转移到了线上进行。

在这种环境中，你必须具有适应性、灵活性和敏捷性，并准备在任何时间、任何地点通过任何渠道进行谈判。

第 2 章

销售谈判的目的就是为了取胜

销售谈判技巧模型

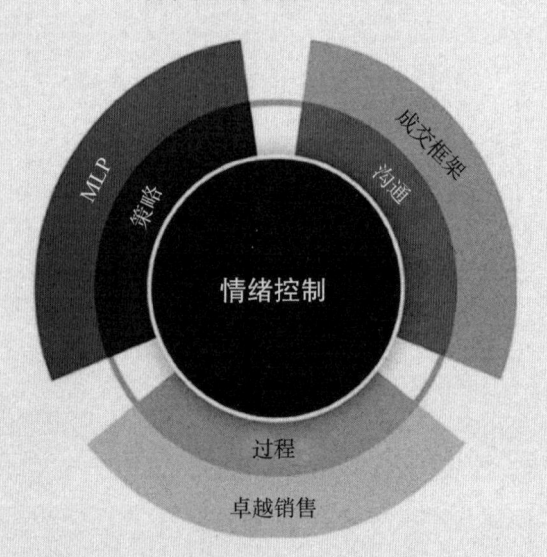

- MLP
- 策略
- 成交框架
- 沟通
- 情绪控制
- 过程
- 卓越销售

第 2 章　销售谈判的目的就是为了取胜

销售谈判是为你的团队赢得胜利

人们经常把双赢和谈判放在一起谈论，尤其是销售人员和他们的管理者。在外交、仲裁和解决冲突方面，通过谈判实现双赢的理念当然是有意义的。

双赢是一个崇高的理念，大家都赢的感觉很好。如果双方都能成为赢家，这是一件好事，但是双赢不应该是你在销售谈判桌上的主要目标，因为作为一个销售专业人士，你的目标是为你的团队赢得胜利。

销售人员会欺骗自己，认为每个人都需要赢，谈判的结果必须公平公正。双赢是有道理的，但公平是一个很容易被你的思想和情绪所包裹的概念。然而，这只是销售圣典的一句题外话罢了。

对太多的销售人员来说，对双赢的迷信是为了避免谈判中固有的不舒服和自然冲突的借口。这是一种逃避，也是一种能证明你为什么不吵架就给对方最大的折扣的轻松方式。

这是一个残酷的事实，你需要内化：双赢是一个温暖的错觉毛毯，你的佣金和你的公司的利润会被卷起消失。双赢作为销售谈判的目标是完全胡扯的。如果你专注于双赢，那么你很有可能会失败，而销售谈判是为你的团队争取最好的结果。在此我就不再过多赘述。

销售人员带着双赢的心态在销售谈判桌上被击败了，因为（相信我）你的买家并不是在和你谈判一个双赢的结果，他们正在为他们的团队争取胜利而谈判。精明的买家清楚地知道如何利用你"双赢–公平"的心态，将销售人员从优势位置转移到劣势位置，然后"扒窃他们的口袋"。

当销售人员以双赢为中心进行销售谈判时，最有可能的结果是，他们用自己的热情让买家开心，然后错误地将其等同于成功，并无视理性，放弃一切。

人际关系至关重要

销售谈判已融入你与客户的利益相关者群体建立或希望建立的长期关系中。除了纯粹的事务性销售（长期关系不重要）之外，你都不会为了赢得谈判而谈判。

在销售谈判中，你不能忽视你所发展和培育的关系的终身价值。换句话说，人际关系很重要，必须得到保护。

你的工作是为你的团队赢得胜利。但是，即使你的谈判地位很强大，你也有足够的筹码来榨取最大的利益，以牺牲买家的利益为代价或让他们丢脸来取胜也会造成怨恨，而且在未来的道路上，你会付出惨重的代价。为了赢而赢是一个糟糕的长期战略。

因此，销售谈判往往是一个矛盾的过程——共情和结果的双重关注。你必须为你的团队赢得胜利，同时并保护好你的人际关系。

减轻怨恨

怨恨是一只怪兽，它会破坏人际关系。怨恨也是双向的。当利益相关者觉得你利用了他们的弱势或信息的缺乏，这可能会严重影响你们未来的关系；另一方面，如果你付出太多，并对被利用或被占便宜感到不满，这也会对你和你的团队的价值、服务以及与客户的互动产生负面影响。

我有过这样的经验，我受到的心理创伤证明了这一点。以前我在谈判中表现得很糟糕，因为我处于弱势，最后我恨我的客户。我对他们的蔑视最终导致了业务关系的破裂。这不是我客户的错（他们是在为他们的团队赢得胜利），其实是我让它发生的，因为我没有考虑签署一份糟糕协议的意外后果。

有一些买家却明白这一点。他们是很好的生意伙伴，他们了解怨恨和由此产生的蔑视对关系的负面影响，他们专注于为他们的公司商讨最优惠的价格，必须让你盈利才能提供他们期望的服务和客户体验。

但更常见的情况是，买家要么是目光短浅无法理解这一概念，要么就是对此根本不在乎。

采购（有时称为承包）有一个独特的使命：为他们的组织提供最好的条款并从你身上榨取最大的折扣。他们不在乎你是否赚了钱，也不在乎议定的条款和条件是否会给你带来麻烦。等交易完成，他们就不会跟你打交道了。他们会把你交还给账户的利益相关者，然后不再插手此事。

买方的工作并不是提前考虑不平衡交易所带来的意外后果，以及它可能给任何一方造成的不满，但是从长远的角度考虑客户的终身价值是你的责任。有时：

- 你要像个大人一样待在房间里。你必须理性并合乎逻辑地考虑双方的最佳利益，还必须愿意做出正确的决定，有时还要为了长期盈利的合作关系而牺牲短期利益。
- 买家的致命之处已经暴露出来，虽然你可以很容易地"杀"了他们，但你需要按兵不动，做长远的打算，在这时给他们留点面子。
- 透明并诚实地向对方解释清楚，当所有的利润从交易中流失，或者协议的条款和条件与现实不符时，会对服务交付和客户体验产生的负面影响。
- 你需要放弃一笔烂交易。与其拿你与利益相关者的长期关系（以及你的声誉）冒险，不如让你的竞争对手在这个烂交易上溃不成军，这样你就可以活下来继续战斗。

有一次我和我的团队与一家大型连锁杂货店达成了一笔巨大的交易。这家店以提供优质商品而闻名，设计新颖，顾客群体大部分是高收入的专业人士。

两年来，我们一直在努力、有条不紊地寻找这个合作机会。最后，对方集团任命我们为"首选供应商"。当时，我们被派往与他们的采购团队接洽，制定一份为期五年、价值数百万美元的合同的细节，每周向200多个地点提供服务。这非常值得高兴。

利益相关者选择了我们，因为我们承诺了与他们的价值体系和使命相一致的质量控制和服务交付过程。我们的方案比我们的竞争对手单价更高，但我们已经成功地证明了我们的总花费成本将在合同施行的过程中更低。

然而，在谈判桌上，我们的优势似乎显得无足轻重。由于他们自身的规模比较大，公司有巨大的购买力和杠杆作用，所以他们的采购团队习惯于像使用大锤一样利用这种权力，所以想和他们做生意的供应商很快都投降了。

我们马上就被竞争对手提出的明显更低的单价吓到了。顺便说一下，这些低价格并不能产生让利益相关者集团满意的服务和质量期望所带来的利润。除了对我们的价格进行打击，采购还引入了严格的单边条款和条件，即使是很小的问题也会对我们进行严厉的惩罚——但如果是他们的错，我们则几乎没有追索权。

我们被打击得溃不成军。此时好像只要同意他们的条件就行了，我们将获得一个巨大的客户，并立即获得迫切需要的最高收入。我们的团队表现一直不如公司的其他部门，我们面临着扭转局面的巨大压力。然而，如果同意这些条款，就很难挤出利润或实现他们的高期望。

我们为此付出了那么长时间，那么多努力，真的非常想要完成这笔交易。但最后，我们还是放弃了，因为这是我们最好的选择。

这确实也让人非常痛苦和心碎，我永远不会忘记那种感觉。对方的要求毫不动摇，我们无法使他们做出任何让步，他们最后把合同给了以最低价格进入的竞争对手。

然而18个月后，我的电话响了。他们的商店运营主管解释说，我们的竞争对手未能满足各方面条件来交付货物，所以他们需要采取行动，他想知道我们是否有兴趣重新参与。

不久之后，我们便谈成了一份条件好得多的合同。那是17年前的事，虽然我已经不在那家公司，但他们仍然在为连锁杂货店服务，他们之间的合作关系日益牢固。

满意和满足

想想人们谈判的真正目的是什么。其实不是金钱、条款、条件、储蓄、风险降低、投资回报率、可衡量的业务结果，或者任何我们通常认为摆在桌面上的那些合乎逻辑的东西。当然，别误会我，以上这些都很重要，但这并不是人们谈判的目的。

人们谈判的首要目标是让人满意和满足。他们想要：

- 感觉有意义和重要；
- 觉得自己是优秀的谈判者；
- 为做好工作而感知自我价值；
- 取悦他们的老板；
- 感受胜利的满足感；
- 觉得他们为自己的团队赢得了胜利；
- 留点面子，保护他们的自尊。

顺便说一句，谈判双方的目标是一样的。即使是采购领域的"机器人"，他们与你或他们正在购买的东西没有情感联系，也想通过压迫使你让步，让你觉得他们做了有价值的工作。他们想要获得满足感。

神经科学已经证明了这一点，我们所知道的是，销售谈判是由情感开始和结束的。首先是情感，然后是逻辑。

这就是为什么在每一次销售谈判中，表现出最强情感控制的人获得他们想要结果的可能性最高（这个主题和这句话会在这本书中反复出现）。因此，我们不能把情感和谈判分开。相反，我们必须意识到情绪在一时冲动中扮演的角色，以及它们如何影响短期和长期的结果。我们必须掌握管理自己破坏性情绪的技巧，这样我们才能凌驾于情感之上，并去影响其他人的情绪和行为。

在接下来的一章中,我们将更深入地研究情绪控制。首先,我们先讲讲怨恨。

怨恨和蔑视

满意和满足的对立面是什么?是怨恨,然后怨恨滋生蔑视。

怨恨和蔑视是关系的坏疽,在表面下溃烂,通常是无声的,慢慢地腐蚀把人们联系在一起的纽带,直至关系破裂。

怨恨的定义是:辛酸、愤慨、恼怒、悲伤、不悦、不满、刻薄、怨愤、敌意、恨意、偏见、反感、对立、憎恨和仇恨,等等(这真是够负面的)。

蔑视被定义为一个人对任何被认为是卑鄙的、无耻的或毫无价值的东西的感觉,类似鄙视和嘲笑。这是一种缺乏尊重并伴有强烈厌恶感的表现。

这是人类情感殿堂中最强大的两种负面情绪。怨恨是一种多层的、复杂的情绪,经常在我们的脑海中反复重演,从而导致了蔑视的情绪。这两种情绪的最常见原因是侮辱或情感伤害,比如拒绝、羞辱、丢脸(特别是在其他人面前)、感觉到不公平、被利用、尴尬、感觉被贬低或打击,特别是当你的社会地位和重要性受到攻击时。

怨恨会使人在情感上衰弱,以至于人们不可能与处于这种状态并被这种情绪吞噬的人理性地相处。它会引发愤怒和仇恨,导致潜在的情绪爆发。更糟糕的是,它会产生愤世嫉俗、偏执和不信任的感觉,会演变成确认偏见。导致愤愤不平的人认为他们怨恨对象的每一个行为都是针对他们的。

销售谈判不是为了创造双赢的结果，相反，它是为你的团队赢得胜利。但与此同时，这是一个双重过程，在这个过程中，你必须在维护关系和取胜之间取得平衡。这需要意识、同理心和机智。

在销售谈判桌上，你绝不能忽视谈判结果的长期后果。有时候你需要站起来，在房间里表现得成熟，以减轻未来双方的怨恨。

这就是为什么你和你的团队了解在销售谈判桌上如何以及为什么会产生怨恨至关重要。一旦它被触发，沟通和合作往往会被切断，形成一个不容易逆转的下行螺旋。在这种站不住脚的情况下，再加上不信任和缺乏透明度，要挽救这种关系几乎是不可能的。

销售谈判规则一：先赢，再谈判

销售谈判的第一个也是最重要的规则是：先赢，再谈判。换句话说，在买方或利益相关者选择你所在的公司作为他们的首选供应商之前，要避免就价格、条款和条件进行谈判。

在那之前，你千万不能谈判。你可能会面临异议、与你的竞争对手展开一场竞标战、免费放弃你所有的筹码，或者谈判时做出单方面的让步，但这些都不是在谈判。

谈判在销售过程结束后开始，并在买方或利益相关者选择你作为首选供应商时开始。

一旦利益相关者选择了你，他们的动机曲线就会发生戏剧性的变化。他们推倒了情感的墙，把不透明的东西变得透明，这使得在交易上达成共识变得更容易。最重要的是，利益相关者更有可能看到交易最终的结果，从而减少了交易在你所处环节中停滞不前的可能性。

先赢会让你更容易保持情绪控制，流露出轻松而坚定的自信，并得到你想要的来完成销售。

倚绳战术

杰森在周一上午向利益相关方的运营副总裁及其团队提交了他的合同续签方案，在过去的四年里他一直担任该客户的客户经理。这是一个重要客户，如果竞争对手抢走该客户，将对他的佣金和他负责的区域造成毁灭性的损失，会产生很大的风险。

杰森已经竭尽全力去接洽这个客户，并且有数据证明他的公司已经交付的价值。他们曾两次被评为年度最佳供应商。在这项合作中，他建立了深入而广泛的关系网，但是他也知道这个客户是他竞争对手的主要目标，并且他们一直在努力取代他。

最后一次汇报之后，对方副总裁说："杰森，谢谢你的提议。经过深思熟虑，这些年来，你和你的公司一直为我们提供优质的服务。但我们面临着降低新财年成本的压力，这就是为什么我们听取了你们竞争对手的报价。根据他们给我们带来的收益，我需要你在这个提案上再缩减一些成本。"

"所以这意味着你打算和我们续签合同，而我们只需要再多算几个数字？"杰森自信地问道。

"我们还没有做出决定。我们计划在星期五签订合同。因为你做得很好，我们想给你一个机会，让你提供一个更好的报价。"副总裁指着他的报价页说。

杰森依然坚定地说:"我很感激。不过,我还是坚持我们的定价。它具有竞争力,并将确保我们能够继续提供您所期望的服务水平。"

会议就此结束,他感到很紧张。他知道他的价格是符合市场价的,他的客户在更换供应商时会付出相当大的成本和痛苦,而且他的关系网里有支持他的拥护者,会为他而战。

周三早上,他接到了副总裁的电话:"杰森,我们将在周五做出关于合同的决定。作为朋友,我想再给你一次机会在这件事上降低你们的价格。"杰森礼貌地重复了一遍他觉得自己的建议是公平的。

星期五早上,他的电话又响了,又是副总裁打来的:"杰森,今天早上我们要把所有的提案都过一遍,然后再做最后决定。我想给你最后一次机会再看一眼你的数据。别告诉别人,我强烈建议你这么做。"

杰森礼貌地拒绝了,并花了一点时间重申了继续这种关系的价值和理由。

一点钟的时候,副总裁又打来电话,签了合同。杰森向她表示了感谢,并表示期待扩大双方的关系,并且他也很好奇,为什么他会在价格更低的竞争对手中被选中。

"你们所有的竞争对手的价格都和你们的提案差不多,但只有一个竞争对手的价格比你们低得多,但我们不觉得他们会兑现承诺。真的没有足够令人信服的理由重新审视他们。我只是在试探你,看你是否会给我们一个价格上的让步。"

这个故事是真的。精明的买家每天都玩这样的游戏,以激起销售人员的恐惧,从而获得价格折扣。但对大多数销售人员来说,结果并非像上文那样。他们无法保持感情上的自律,也无法坚持自己的立场。在压力下,他们与自己谈判并做出让步。这是一种经典的倚绳战术,归功于穆罕默德·阿里(Muhammed Ali)的拳击策略——他让对手在空中不停挥舞拳头消耗掉所有的能量后瞬间击败对方。

买家使用许多不同类型的欺骗策略,甚至在你到达谈判桌之前就把你拉进去,让你在情绪上筋疲力尽。通过推动你与自己谈判,买家甚至在销售谈判开始之前就耗尽了你的杠杆和能量。当你处于这种虚弱的状态时,它们很容易扑过来进行攻击,为他们的团队赢得胜利。

怎样知道自己已经赢了

在销售谈判技巧培训中,我教销售人员先赢后谈判时遇到了这样一个问题:

> 这毫无道理可言。我怎么可能知道我赢了?如果我赢了,谈判不是已经结束了吗?

"先赢后谈"的理念让销售人员感到困惑的主要原因是,他们从未经历过这种情况。在谈判之前,他们不知道被选为首选供应商是什么感觉。相反,他们:

1. 一出现,就抛出价格。
2. 向买家提供功能和好处,而不是询问问题并进行探索。
3. 跳过销售过程中的步骤。
4. 将销售对话和过程的控制权让给买方。
5. 提出通用的营销废话,而不是量身定制的解决方案和可衡量的业务结果。

因为他们在销售过程的每个阶段几乎都失败了,所以从第一次交谈开始,他们就在与价格做斗争。这些销售人员在与利益相关者初次会面的前几分钟就降低价格,这种情况并不少见。由于它们没有带来任何独特的东西,唯一能区别的地方就是价格。而这正是买家敲打他们的地方。

可悲的是,这些销售人员还在认为这就是谈判,但其实他们并没有与买家谈判,他们是在和自己谈判。

这让他们左右为难——买家要求在价格上让步,而领导则告诉他们需要更努力地争取利润。结果是他们降低了自信,与利益相关者进行痛苦的片面对话,失去收入,自尊心下降。

我最爱听到的话

我总是说,在我提交最终提案后,我最喜欢从买家嘴里听到的话是:"杰布,我们真的很想和你做生意,但是……"我最爱听这些话,因为这意味着我赢了。我是对方选择的供应商,是他们最信任的人,能帮他们解决问题,并帮助他们实现预期的业务结果。

这些话的意思是他们认同了我。我已经完成了销售流程的工作,现在我们要做的就是协商销售协议了。我们必须弥合价值鸿沟,也就是缩小在利益相关者和我如何看待我的商业案例和提案之间的空间。

提案这个术语很重要。在正式的提案提交之前,我不会,也永远不会去谈判。在那之前,我可能会遇到棘手的问题和反对意见,或者利益相关者甚至会要求我做出价格让步,以便开始销售。但在我被选中之前,我会坚持下去。我没有讨价还价。

计划书本质上是一份书面的购买要约——可能是一份演示文件、报价、正式的计划书、征求建议邀请书（RFP）答复，或者你所展示的一份合同。在简单的事务性销售中，它可能只是口头报价或公布的价格。

在报价之前，不能就价格、条款或条件进行谈判。在这之前，你可能会默许并做出让步，但当你这么做的时候，你是在和自己谈判，这加强了对方的地位，削弱了你自己的地位。

明确选择

在某些情况下，你的利益相关者会直接告诉你，他们想和你做生意。这可以是一个口头承诺，清楚地表明你是他们的首选，比如"我们真的很想和你做生意"。

在其他情况下，特别是在需要通过招标或投标的复杂交易中，你的潜在客户可能会暂时授予你合同，但会警告你，你需要就具体项目进行谈判，并完成他们的承包流程。

隐性选择

在其他情况下，则存在一种隐性选择。这需要你注意你的直觉，并进行深度倾听。你将关注他们如何与你互动，他们在回答问题时是如何公开和透明的，他们如何谈论你的竞争对手，以及你如何有效地调整他们的购买过程与你的销售过程。

在大型交易中，如果你有教练或执行发起人，你可能会得到非正式的消息——利益相关者选择了你。在大多数情况下，这就是我知道自己赢了的原因。

在寻找你赢了的潜在线索时，密切关注利益相关者的五种行为：

- 利益相关者的情感投入，他们愿意配合你的努力，以及始终如一地愿意做出保持时间和行动方面的微承诺；
- 来自执行赞助商和教练的积极信号，就像在你耳边低声说你赢了；
- 当其他竞争者明显被淘汰的时候；
- 似乎没有另一个可行的替代；
- 当对未来的实现、装置、转换、迁移或交付日期似乎没有另一个可行的替代承诺时。

当你感觉对方已经做出了一个隐性的选择，在你们协商之前，请停止并摒弃一个显性的选择。

利益相关者："看起来不错。我们喜欢你们的平台。但是座位的价格比我们的预算要高一些。我们得把票价提高到每座50美元才能获得收益。你们的竞争对手的价格要低得多。你看这要怎么办？"

销售人员（结束语）："好的。我问你一个问题。如果我能为你做到这一点，我们今天就能签署协议吗？"

利益相关者："是的。我们已经准备好和你一起合作了。"

销售人员："太好了。让我想想办法。我们可以约在两点钟见面重新集合吗？"

请注意，销售专业人员利用他的杠杆（SaaS平台的每个座位的潜在较低价格）来让利益相关者明确地选择他的公司。然而，他没有做出任何让步，也没有做出任何承诺，而是朝着利益相关者的预算要求努力让步，但他还得到了一个正式会议的承诺，以谈判和签署最终协议，让自己有时间规划自己的做法。

掌握销售谈判的第一步是先赢，然后谈判。

时机问题：避免谈判转移注意力和反对意见

销售人员面临的一个大问题是，他们在销售过程的早期会被转移注意力的谈判内容牵着鼻子走，导致他们免费放弃自己的优势，并用单方面的早期让步把自己束缚住。

"红鲱鱼"（red herring）一词源自将死鱼拖过一条小道来驱赶猎犬的做法，指的是某些东西会分散你的注意力、误导你，或者将你的注意力从销售谈话的目标上转移开。例如，在你的第一次会议中，利益相关者告诉你，他们已经在网上做了研究，发现你的竞争对手的价格要低得多。他们其实想知道你是否会配合他们。

在这种情况下，人们很容易陷入为自己的定价辩护，从而失去对谈话的控制和影响力。而这正是当你放弃你的目标去追逐一个转移注意力的东西时所发生的事情——不是去控制议程，推进你的下一步目标，推进销售，保留你的筹码，而是开始和自己谈判。你必须不惜一切代价避免被不相干的事情分心。

不加思考，你就会失去情绪控制，放弃条款、条件和折扣，或者在你完全获得这个机会之前做出特别的承诺。要用你的视野去探索，了解他们的价值观、问题、机会、期望的结果和重要的度量标准，把提案做成他们的首选供应商。

转移注意力的谈判最可能发生在会议的开始、演示的开始以及对利益相关者的汇报中。转移注意力的东西通常看起来是无害的——只是简单的陈述或问题：

- "听着，在我们继续之前，我需要知道你的价格不会太高。"
- "这个价格是你们的竞争对手报的，你能比得上吗？"

- "你要知道,我们并不想签一份长期合同。"
- "你的竞争对手承诺他们可以做＿＿＿＿＿＿,你也能做到吗?"
- "这是我们这个项目的全部预算,你能用它完成工作吗?"
- "我们已经在和你们的竞争对手讨论,他们提供了一些不错的激励措施。告诉我们,你能为我们做哪些他们不能做的事。"

别上当!那些转移注意力的人,如果你处理不好,就是情绪上的拦路者,会破坏你有效谈判的能力。当你的注意力被转移后,你可能会这样做:

- 在没有任何回报的情况下放弃你的筹码;
- 向利益相关者和潜在的竞争对手看到你的底牌;
- 跳过销售流程;
- 削弱你的权力地位;
- 把控制权让给你的利益相关者,成为他们的傀儡。

当你在谈判中面对转移注意力的问题时,关键是控制情绪。即使你的大脑可能会欺骗你,让你相信你可以缩短销售过程,通过快速的谈判完成销售,但不要屈服于这种感觉。即使你觉得自己有义务回答这个问题,也很乐意这样做以取悦买家,但不要这样做。

坚持销售的流程。正是销售的过程,让你建立一个商业案例,加强你的权力地位,给你在谈判桌上的杠杆。

PAIS

当你在谈判中被人转移了注意力,你必须控制好自己的情绪反应。

冲动控制至关重要,忍耐是一种美德。

要想摆脱转移注意力的话题,需要大量的情感训练,以放松、自信的态度回应,并控制对话。所以你需要一个简单的框架来控制情绪冲动——PAIS(见图2-1)。

P 按下暂停键,收敛好你的情绪

A 承认,让利益相关者知道你听到了他们的意见

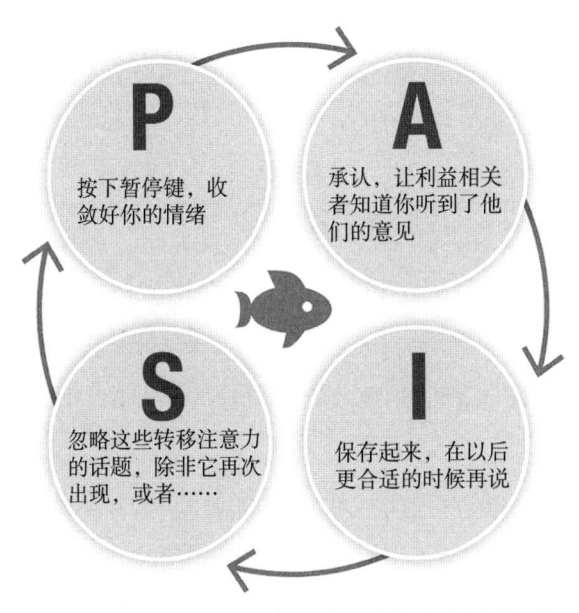

S 忽略这些转移注意力的话题,除非它再次出现,或者……

I 保存起来,在以后更合适的时候再说

图2-1 PAIS框架可以帮你避开转移注意力的话题

暂停(pause):当你的利益相关者在选择你作为他们的供应商之前就试图把你拉进谈判时,停顿一下,在说话之前收敛好你的情绪。

承认(acknowledge):让利益相关者知道你听到了他们说的话。你可以说:"在我们开始考虑价格问题之前,让我们先确定我们的解决方案是否适合你。我可以问几个问题以便更好地了解您和您的组织吗?"我最喜欢的方法就是记笔记。写下他们说的话,让他们知道我认为这是重要的,而不是被迫早早让步或放弃我的杠杆。

忽略或保存（ignore or save）：当你暂停并确认时，它会在转移注意力和你的响应之间留出足够的空间，以便有针对性地决定下一步行动——是否应该完全忽略转移注意力，保存并在以后的对话中解决；或在很少有事务性销售的情况下，当有明确的购买信号时，请直接当场完成交易。

我的默认做法是忽略转移注意力的事项。在我的职业生涯中，我了解到，一旦利益相关者参与到销售对话中，大多数早期的谈判冲动很快就会消失。我只承认他们关心或渴望谈判，然后我问一个无关的开放式问题，让他们说话，讲述他们的故事。

异议与谈判

在销售过程中，谈判应该是排在最后，而异议则会出现在销售过程的多个阶段。

异议发生在你赢了之前，在利益相关者选择你作为他们的供应商之前。异议是质疑、恐惧、担忧、对现状的依恋和对风险的厌恶，是推进协议的障碍。

尽管异议有时感觉像谈判，但事实并非如此。了解这两者的区别很重要，因为不注意这些标志可能会导致你在错误的时间谈判。

如果利益相关者说"你的价格太高了"，这可能就是一种异议，也可能是一种谈判的尝试。这时候你必须放慢速度，阐明他们的意思，把他们唯一关心的问题孤立出来，要么减少他们的关注，要么达成一致。如果你能解决问题，他们就会选择你，然后进行谈判。

如果利益相关者说"我喜欢你展示的所有东西，我们已经准备好开始了，但我们需要你在价格上帮助我们"。当出现这种情况时该怎么办？其实此时你已经赢了，是时候谈判了。

销售谈判的四个级别

销售谈判有四个级别，会影响各方进行谈判的参数。随着谈判结果对各方的复杂性和风险性的增加，谈判战略会发生转变。

交易谈判

交易谈判基本上就是在价格上讨价还价。保持关系没有保持价格和利润重要。这是你在跳蚤市场买汽车或古董时的谈判方式。

交易谈判通常是快速而激烈的。如果价值过低或价格过高，交易一方或双方很容易退出。在交易讨价还价中，做一笔交易的情感动机占据了中心舞台。最想要这笔交易的人会做出最大的让步。交易谈判具有以下特征：

1. 低风险。
2. 中低规模交易。在某些情况下，如大宗商品交易，交易量可能很大。
3. 价格是唯一紧要的问题。
4. 对于成功和达成交易来说，保持关系是次要的。
5. 一场情感意志和自律的较量。

增值谈判

增值是公司如何改变感知商品的形状。增值谈判包括价格和提供有限服务或附加价值（如设置、安装、保修、持续维护等）的条款和条件。例如，如果你出售一台设备，则可以添加配置和测试作为软件包的一部分。

增值销售的销售周期通常比较短。除了采购订单、销售单据或订单表格外，不涉及任何正式合同。如果有一份书面协议，也很简单，包含有限的标准条款和条件，不需要协商或不可协商。

价格在增值谈判中占据中心位置，而条款和条件可以用作维持利润的杠杆。关系维护在这里很重要，因为你将提供增值服务，并希望保护关系的终身价值，这可能涉及重复购买。增值谈判的特征如下：

1. 低风险。
2. 中小型交易规模。在某些情况下，例如有资本设备，这些交易可能会很大。
3. 高度重视价格。
4. 条款和条件的重视度较低。
5. 条款和条件经常被用作维持利润的杠杆（价值交易）。
6. 保持长期关系是为了保护重复购买。

复杂交易

复杂交易涉及更长的销售周期，而且在许多情况下，涉及多个利益相关者。这些交易通常涉及条款和条件复杂的合同。正因为如此，价格与条款和条件的权重往往是相等的。例如，一份为期 5 年的价值 50 万美元的商业服务协议包括年度价格上涨、服务水平保证和常青条款。

通常先谈价格,后谈条款。价格谈判通常很快,而有关条款和条件的谈判可能会拖得很长——尤其是涉及法律或采购的时候。

当你在谈判一项复杂的交易时,在销售过程探索阶段的效率是团队获胜的关键。你的影响力来自你对利益相关者期望的业务结果的理解、结果的含义、等待或什么都不做的含义、失败解决方案的含义,以及对他们的业务至关重要的指标的含义。

因为这些交易对双方都有长期的影响,它们的风险比普通交易和增值交易要高得多。而这些交易也涉及长期的关系,维护这种关系同样重要。复杂交易的特征如下:

1. 中高风险;
2. 多个利益相关者;
3. 中到高交易量;
4. 价格、条款和条件同等重要;
5. 业务案例关注的是业务结果影响和至关重要的指标;
6. 维护长期的关系是非常重要的。

企业级交易

企业级交易会给各方带来巨大风险。这些交易规模很大;需要漫长而艰难的销售周期,涉及众多利益相关者;也可能是改变公司的事件。这些交易涉及复杂的合同、条款和条件,如果有任何一方违反协议条款,都有潜在的负面影响。

正因为如此,条款和条件成为焦点,并将成为销售谈判的重点。这笔交易的经济效益仍然很重要，但远不及在条款和条件上达成一致重要。通常情况下，这笔交易的经济效益是与条款和条件交织在一起的，而且不能与之分开。例如，一个基于云计算的跨国公司数字转型咨询协议可能需要几十个人工作多年，这些人将深入潜在客户的业务中，并围绕绩效里程碑和可衡量的业务结果设计定价体系。

漫长的销售和购买过程包括审查多个供应商——通常是通过正式的需求建议书流程。竞争供应商之间的相对平价导致了价格的透明度，这使得原始价格本身在谈判桌上的优先级较低；相反，拥有总成本、可衡量的业务结果和投资回报更重要。

有关条款和条件的谈判可能会拖上数月，而且多半会由法律部门或采购部门负责，有时两者都有。当你在谈判一笔企业级的交易时，你在培养教练和/或行政赞助商以及与其他关键利益相关者的关系方面的效率，对你谈判有利条款和条件的能力至关重要。你可以通过培养一个愿意为你辩护的强有力的执行发起人来提高你的权力地位，并在你面临最大压力时取消其他的采购选择。企业级交易的特征如下：

1. 巨大的风险 – 错误可能会带来极端的后果；

2. 交易规模非常大；

3. 广泛的利益相关者；

4. 条款和条件的权重高于价格；

5. 以可衡量的业务结果为中心的强大业务案例，加上与利益相关者的深厚关系，可以加强你的权力地位；

6. 维护关系至关重要。

无论是复杂交易还是企业级交易，在整个销售过程中表现出色是团队获胜的真正关键。你必须建立一个坚如磐石的商业案例，说明为什么你是唯一能够交付利益相关者所期望的商业成果和预期投资回报的供应商。

销售谈判参数

我们将在下一章讨论销售谈判参数的含义（见表2–1）。不过，需要注意的重要的一点是，在你进入销售谈判时，谈判的参数应该能指导你的策略和战术。因为双方都在争夺杠杆和权力地位，这些参数也将在销售谈判桌上扮演重要的角色。

表 2–1　　　　　　　　　　销售谈判参数

你的谈判参数	低	方法	高	关键点	他人的谈判参数	低	方法	高	关键点
风险评估					风险评估				
价值					价值				
定价/经济情况					定价/经济情况				
条款和条件					条款和条件				
关系网					关系网				

第 3 章

销售谈判策略：动机、杠杆和权力

销售谈判技巧模型

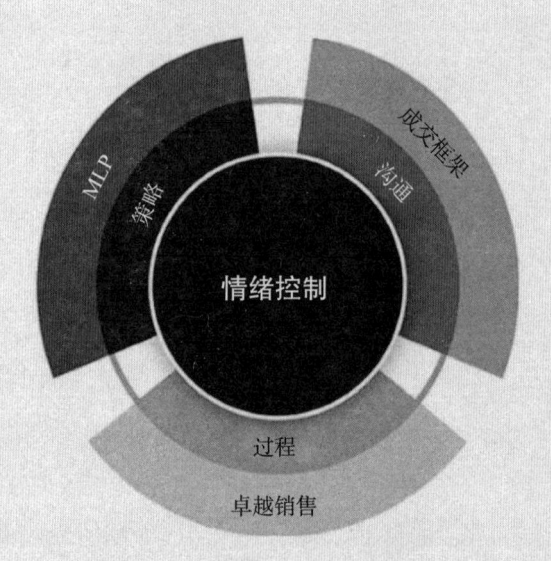

- MLP
- 策略
- 成交框架
- 沟通
- 情绪控制
- 过程
- 卓越销售

第 3 章　销售谈判策略：动机、杠杆和权力

MLP 策略

销售谈判的一部分是棋局，一部分是扑克游戏，一部分是销售情商。这既有战略意义，又有战术意义。

双方都有期望的结果清单。买家进行购买是为了消除痛苦、解决问题、抓住机会，最终产生可衡量的业务结果和投资回报；卖方希望获得利润、产生增长、赚取佣金和奖金，并帮助买方实现他们想要的结果。

你的任务是在维护关系的同时为你的团队赢得胜利。买方专注于获得尽可能好的价格、条款和条件，往往不考虑双方的关系。

在大多数情况下，买家比你拥有更强大的权力地位和更多的谈判筹码。但有很多情况下，当你处于优势地位，有影响力并有足够的机会来抑制你做出让步的动机。

动机、杠杆和权力地位（motivation, leverage, and power position, MLP）是销售谈判的棋盘（见图 3-1）。从你与潜在客户接触的那一刻起，直到合同上的墨水变干，你的职责就是分析、影响和塑造利益相关者的 MLP。相反，你必须意识到和诚实地对待自己的 MLP 以及使你在销售谈判桌上处于不利地位的差距。这就是销售谈判策略开始的地方。

图 3–1　MLP 策略

动机

我的客户委托我们做一个咨询项目,以帮助他们为不断壮大的销售团队开发客户管理流程。他们的线下销售团队的市场份额迅速增长,并且已经习惯了两位数的增长。

然而,突然间,增长放缓了,他们逐渐意识到可能出了问题。销售团队开发如此多的新客户,以至于他们陷入了为这些新客户提供服务无暇再去寻找新的机会的困境。

我们为完成这个项目确定了一个明确的时间表。该时间线与雇用和组建客户管理团队并对其进行培训进而将他们整合到组织中有关。利益相关者选择了我的公司 Sales Gravy 作为首选供应商,合同已送到采购部去推进。

这就是事情陷入困境的时候。采购部立即要求我们在价格上做出让步。我们拒绝了，因为我们对交易进行了定价，这样我们就可以交付利益相关者所要求的业务结果。

当时对方采购的策略是拖延和缓慢沟通。他们含沙射影地说他们还有其他的选择（一种权力游戏）。他们寄希望于我们有动力完成交易，因为我们作为卖方自然希望收入开始流动。

几周过去了，但我们并不着急。我们的渠道丰富，有多个项目已经在进行中。我们更担心的是如何消化这个新项目并完成它，而不是完成交易。因此，采购的拖延战术正中我们下怀。

与此同时，利益相关者寻求问题解决方案的压力越来越大。他们变得焦躁不安，几乎每天都打电话给我们，问我们什么时候可以开始工作。利益相关者完成交易的动机很高，他们甚至问我们是否可以在合同条款拟定的过程中就开始进行服务。

我们礼貌地解释说，虽然我们急于开始，但在我们开始之前，需要合同到位。"我们只是在等待采购部送来最终协议——他们可能只是工作量太大了"。

当利益相关者意识到交易在他们这边被拖延时，我们项目的执行发起人——一位高级副总裁给采购团队打了一个电话，突然之间我们就签订了关于我们条款的合同。动机是非常强大的。

你越想拥有它，就越有动力

这里有一个简单而有力的真理。一方越想要或需要一个结果，他们就越有动力做出让步来获得这个结果。对你来说，这意味着你越想要这笔交易，你就越愿意放弃更多来签署协议。

动机是做某事令人信服的理由、热情、动力或欲望。它有许多不同的形式，例如时间紧张、人际关系、理想的未来状态、对失败的恐惧、对成就的需求、逃避痛苦、获得快乐、感到重要性、经济收益、有面子、依恋、自我价值、满足感，等等。

动机是个人的

你必须永远记住的是动机都是个人的。特别是在企业对企业的销售情况下，你将与那些用别人的钱来解决他们问题的利益相关者打交道。每个利益相关者都有自己独特的个人成功标准——通常与团队或组织的标准不同。

这些利益相关者的个人成功标准，以及他们与你（以及你的团队其他成员）的关系，决定了他们达成交易的动机。

动机通常与权力地位成反比。在销售谈判中双方的权力地位与其拥有的替代方案的数量直接相关。

动机是情绪化的，有时是不合逻辑的。正因为如此，它可以被用来抵消和减少其他替代方案的价值。例如，如果有人真的想和你做生意，那么他们就会忽略其他可能性。

利益相关者购买你产品的动机越高，可感知的替代产品的吸引力就越低，这会导致利益相关者的权力地位被削弱。要了解的重要一点是，权力（替代方案）集中在组织层面，而动机是由单个利益相关者体现的。

几乎在每一笔交易中，你要出售商品的公司都比你更有实力，因为他们有更多的选择。因此，要削弱组织在谈判桌上的权力地位，同时加

第 3 章 销售谈判策略：动机、杠杆和权力

强你自己的权力地位，你必须努力增加每个利益相关者与你达成交易的动机。

增加利益相关者的动机，同时减少对可行替代方案的看法集中在三个层面：

1. 关系；
2. 个人成功标准；
3. 社会证明。

交易中各利益相关者的累积动机将增加或降低选择你和你的公司作为首选供应商的备选方案的强度。

关系和决策过程

在销售中有三个过程，如果协调一致，就会产生意外收获。事实上，当销售、购买和决策过程完全一致时，你几乎不需要谈判。

销售过程（你）和购买过程（你的潜在客户）是在组织层面上开展的线性的、合理的步骤。你的公司有一个销售过程，你的潜在客户有一个购买过程。

另一方面，决策过程是个性化的、情绪化的、非线性的，而且常常是非理性的——从本质上讲，这是每个利益相关者的个人购买过程。决策过程是各个利益相关者如何承诺支持供应商、产品、服务、后继事项，以及最重要的销售人员。这是与你做生意的动机所在。

最重要的五个问题

在每次销售对话、互动的过程中，利益相关者都会问你五个问题：

- 我喜欢你吗？
- 你在听我说吗？
- 你让我觉得自己很重要吗？
- 你懂我和我的问题吗？
- 我相信你吗？

这是销售中最重要的五个问题。当利益相关者与你互动时，他们会有意识地或潜意识地问和回答这些问题。这些问题是情绪化的，它们源于情感，也被情感所回应。

你如何为每个利益相关者回答这些问题将增加或减少他们支持你的动机。当你以肯定的方式回答这五个问题时，他们不可能不选择你作为他们的首选供应商。

战略与战术相互作用

不可否认的事实不能被忽视。在销售和购买过程中，最稳定的预测结果的因素——比任何其他变量都要多——是与你一起工作的利益相关者的情感体验。

决策过程是战略与战术相互作用的过程。达成决策的过程可以让你利用各个利益相关者与你之间的关系来削弱组织在销售谈判桌上的权力地位。当你系统地设计和执行销售流程时，你就能做到这一点。这样你就能在正确的时间、正确的情况下，与正确的利益相关者互动并影响他们。

在你推进销售的过程中，你必须让每一个利益相关者都参与进来，深入到底层，了解他们独特的动机、渴望、需求、欲望、恐惧、愿望和问题。你必须用同理心站在每个人的立场上，在情感上与他们建立联系。

第 3 章 销售谈判策略：动机、杠杆和权力

有效的谈判者是协调销售过程、购买过程和决策过程的大师。他们永远不会忘记，他们面对的是情绪化、易犯错、不理智的人类。他们知道，通过强烈的情感联系，他们能找到那些可以把获胜概率提升到平流层的提倡者，创造不容置疑的竞争差异化，并促使人们放弃替代方案。

BASIC：利益相关者分类

你将与人进行谈判。基于情感做出决定的非理性人会受到成功的动力、对风险的厌恶、确认偏见、自我、恐惧等一系列破坏性情绪的驱动——就像你一样。

利益相关者有五种类型：买家（buyers）、放大者（amplifiers）、寻求者（seekers）、影响者（influencers）和教练（coaches），简称 BASIC（见图 3–2）。

图 3–2　BASIC：五种利益相关者

在小型交易中，你可能只与一个利益相关者打交道，也可能是几个利益相关者扮演多个角色。在复杂和企业级的交易中，利益相关者的范

围会更广。利益相关者数量将随着以下因素的增加而增加:

1. 组织的风险;
2. 个体利益相关者面临的风险;
3. 产品或服务的复杂性;
4. 交易价值;
5. 销售周期的长度;
6. 组织规模。

有效的销售谈判者做事从不靠碰运气,而是从早期探索开始,经过鉴定和发现,来识别和划分五种利益相关者。

每一个利益相关者都与交易的结果有"利害关系"——这些利害关系受到个人欲望、成功标准和组织要求的驱动。个别利益相关者可能会向你提供信息,以提高你的影响力,或揭示他们自己或其他利益相关者达成交易的动机。在谈话中,他们能够并且愿意透露公司认为的其他选择,这给了你一个中和这些选择的机会,从而提高你的权力地位。

买家

买家是决策者,拥有决定是或否的最终权力。买家有两种类型:

- 承诺买家——授权交易、签署合同并对承诺说"是"的人;
- 资助买家——授权付款、发出采购订单和"写支票"的人。

有时这些利益相关者是同一个人,有时则不是。例如:

- 首席信息官(CIO)可能会同意购买新的软件,但在首席财务官(CFO)同意发放资金之前,什么都不会发生;
- 企业采购员负责同意你的条件,而外地的总经理负责同意批准预算；
- 利益相关者可以选择你作为供应商，而采购将批准价格和交易条款。

了解这一差异将帮助你避免与那些没有权力说"是"的人进行谈判，或在一项协议上签字却发现收入无法实现的痛苦。

最好的情况是，你应该与资助买家谈判。在任何情况下，你的目标都应该是让资助买家参与进来。

你想要避免与承诺买家或有影响力的人进行谈判，结果却发现自己后来会向掌握财权的对方做出更多的让步。当有可能做出重大让步时，尽可能用你的筹码让每个人都参与进来。

放大者

放大者是看到你的产品或服务可以填补的问题或缺口的利益相关者。他们通常是底层的人，要么使用你的产品或服务，要么受到你的产品或服务的影响。善加利用的话，他们会成为变革的倡导者，并通过组织放大信息、问题、痛苦或需要。在大多数情况下，他们对交易结果的影响是间接的。有效的销售谈判代表擅长利用放大者的痛苦或他们的主张来消除不作为的选择。如果有足够多的放大者表达他们的痛苦，其他利益相关者很难不做出决定。

寻求者

寻求者是在购买过程早期被派去寻找信息的利益相关者。他们下载电子书、参加网络研讨会、浏览网站、填写网络表格。寻求者很少有购买权力或影响力，但他们却摆出一副权威的假象，阻止你与其他利益相关者接触。可悲的是，销售人员都喜欢上钩。在这个过程中，他们会为谈判阶段的失败做好准备,因为他们早早地把自己的优势免费让给了寻求者。

影响者

影响者是在购买过程中发挥积极作用的利益相关者,他们在谈判桌上有发言权。在复杂和企业级的销售中,你会花大部分时间和有影响力的人在一起。影响者有三种类型。

- 支持者站在你这边。他们有动机选择你作为首选供应商。强有力的支持者会为你工作,排除与你做生意的潜在选择。你必须积极地培养支持者,因为你的支持者越多,你的权力地位就越高。
- 顺其自然者顺其自然。他们有随波逐流的倾向,要么是出于自我保护,要么是不感兴趣,要么是不受决策的影响。面对顺其自然者,你必须透过表面去了解他们的个人动机和成功标准。如果他们的动机是自我保护,你必须想办法保护他们;如果他们觉得自己没有受到影响,或者不感兴趣,你必须给他们一个情感上或商业上的理由,让他们有动力参与进来。顺其自然者的危险在于,他们很容易被唱反调者的观点所左右。你绝不能忽视眼前的危险。
- 反对者是反对你、你的公司或改变。他们扼杀交易,推动替代方案,并积极地与你作对。你不能说服一个唱反调的人相信他们是错的。当你被逼迫去争论的时候,他们会插进来,甚至会更努力地破坏你的权力地位。与其争论,不如集中精力说服他们。你可以通过移情、倾听和投入与唱反调者的关系来实现这一点。此外,你要专注于与支持者发展和建立更牢固的关系,他们在数量和真实性上都能压制唱反调的人。

教练

教练、支持者和执行赞助商都是内部人士，他们愿意为你辩护，帮助你获得内部信息，以消除谈判结果的障碍。

他们为你提供信息，帮助你提高你的权力地位，与你一起消除反对者，与利益相关者保持一致，促进沟通，让你知道利益相关者何时为你做出了隐性的选择，即当你获胜的时候。

执行赞助商和支持者可以通过明确你是唯一的选择来提高你在资助买家（特别是采购）中的权力地位。在任何复杂的交易中，在销售谈判桌上，培养教练和/或执行赞助商都是一个巨大的优势。

利益相关者谈判清单和动机量表

在每一笔交易中，利益相关者都有一份清单。这个清单包括了他们个人的成功标准、希望、愿望、需要、需求、期望的业务结果、重要的指标、必须具备的条件、交易障碍和核心动机。了解利益相关者的谈判清单可以减少意外情况，同时提高你在销售谈判桌上的影响力和权力地位。

有效的销售谈判人员从销售过程的一开始就开始编制利益相关者谈判清单。你将主要在销售过程的确认和探索阶段构建利益相关者的谈判清单。请先回答以下五个问题：

1. 每个关键利益相关者的成功标准是什么？
2. 每个利益相关者具体想要什么？
3. 他们试图解决什么问题？
4. 每个利益相关者期望从这笔交易中获得什么样的情感和可衡量的

商业结果（MBOs）？他们将如何衡量这些结果？

5. 他们的不可谈判或交易障碍是什么？

建立这个清单可以帮助你理解你的知识中有哪些不足之处，你需要做哪些工作来让利益相关者站在你这边，与你自己的清单存在哪些潜在的冲突，以及在哪里有共同点。利益相关者谈判清单充当了一个路线图，用来消除那些不符合清单中的选项，并构建你的给予－索取清单（见第 5 章）。

你将通过与利益相关者的正式和非正式对话有机地构建利益相关者谈判清单，站在每个利益相关者的角度看待事情。

1. 他们的动机是什么？
2. 对他们来说，成功是什么样子的？
3. 他们想要解决什么问题？
4. 如果他们选择了你，对他们个人来说有什么风险？
5. 如果他们不选择你会有什么风险？
6. 为什么他们会支持你？
7. 他们为什么会唱反调？
8. 他们的情感焦点是什么？
9. 是什么让他们觉得自己很重要？你如何利用这一点？
10. 他们害怕什么？
11. 他们与你的公司的理想协议和关系是什么？
12. 什么是预算限制或冲突？
13. 什么是重要条款和条件？
14. 当与你的公司或像类似的供应商合作时，他们的期望是什么？

第3章 销售谈判策略：动机、杠杆和权力

克服恐惧，尽早把问题提出来

关键是利用策略和巧妙的问题，迫使利益相关者尽早把他们的谈判清单和不可谈判的问题摆到桌面上。这样，在进入谈判阶段之前，你就可以面对、回避或说服替代方案和破坏协议的人。

当然，这说起来容易做起来难，从利益相关者那里获取这类信息需要你足够机智。

然而，销售人员在揭露利益相关者问题时所面临的挑战并不是利益相关者不愿意回答这些问题，而是销售人员自己的破坏性情绪阻碍了他们。

人类——你、我和大多数其他人——对冲突和被拒绝的可能性都很敏感。避免冲突是我们犹豫和羞于提出能把真相摆到桌面上的问题的原因。销售人员躲在理由背后，不去询问真相。他们表示自己不想"显得过于强势"或"时机不佳"。你总是有可能被拒绝。

但是，回避那些让真相浮出水面的问题是一种极其愚蠢的销售谈判策略。它会导致错觉，而在销售方面，你不可能既幻想又成功。当你选择幻想而不是意识时，你是在做一个有意识的选择，不仅对自己撒谎，而且限制了你有效谈判和成功交易的能力。

没有什么比在毫无准备和毫不知情的情况下进行销售谈判更危险的了，因为没有清楚地了解对方的谈判清单。在谈判的后期阶段，一个利益相关者用你不知道的且暗地里酝酿着的要求让你措手不及，这令人很沮丧。

利益相关者的麻烦

当然，将利益相关者的问题、关注点、担忧、预算、限制、需求和

不可协商的问题摆到桌面上不是一件容易的事。

- 利益相关者在情感层面上操作。
- 避免冲突,从而隐瞒信息,混淆视听,利用烟幕来掩盖他们真正的担忧。
- 并不总是知道他们想要什么或他们的限制。他们有时无法清晰地表达问题、成功标准,或者对理想协议的愿景。
- 隐瞒真相,因为他们觉得透明会削弱他们的权力地位。

因此,确定对方的谈判清单就像拼拼图一样。在整个销售过程中,你必须问问题、倾听、注意情感暗示和细微差别,并一次整理一份你的利益相关者谈判清单。这不是,也永远不会是一门完美的科学。

使决策与社会认同相一致

随着销售的复杂性、周期的长度,尤其是对组织和个人利益相关者的风险增加,利益相关者的数量也在增加。随着更多利益相关者的加入,个体利益相关者面临的风险会被稀释,而你面临的风险则会增加。

由于大量的利益相关者扮演着不同的角色(BASIC),利益相关者更容易采取集体思维,而不是持有一个可能正确的但被视为不受欢迎的观点。当利益相关者犹豫不决或意见不一致时,单个利益相关者(通常是唱反调的人)更容易破坏交易。对于一群人来说,保持谨慎什么都不做比冒险犯错风险更小。

根据我们对人类行为经验的了解,人类会规避风险,随波逐流。我们会被迫和被激励去做其他人正在做的事情。当某件事很受欢迎,当我们看到其他人在做这件事时,我们会觉得做同样的事是安全的。

这就是社会证明偏见。人们做一件事的次数越多，对某件事有执念的次数越多，或者有相同的观点的次数越多，我们就越有可能被吸引去做或者相信同一件事。

我们用大众的判断代替自己的判断，这样会减少认知负荷，使我们在复杂环境中更容易做出快速决策。

在与广泛的利益相关者打交道的复杂过程中，你可以通过社会认同来提高自己的权力地位。关键是动员放大者和提倡者来压制反对者，让顺其自然者站到你这边。

与利益相关者保持一致是一项艰巨的工作，它要求：

- 销售流程策略和执行；
- 利益相关者分析；
- 按标准努力识别和联系所有利益相关者；
- 有意识地努力与即使是最不友好的利益相关者建立关系（如果他们喜欢你，就更难把你推下火坑）；
- 永远不要假设利益相关者正在相互交谈或喜欢彼此；
- 积极沟通利益相关者的协议、共同点，并达成共识，遍及所有利益相关者。

你不能听天由命。你需要有一定程度的妄想症，认为有一个你还没有确定的利益相关者在伺机破坏你的交易，不能假定与利益相关者之间的沟通等同于达成协议。

当利益相关者正站在选择你的风口上，他们可能会质疑你的承诺是否会实现，或者你的解决方案的实施过程是否会扰乱他们的业务时，社会认同尤其有用。

在这里,案例研究、书面证明、参考资料以及来自其他类似客户的可参考和可衡量的业务结果有助于将感知的风险降至最低,使你更容易说服唱反调者、动摇顺其自然者,并为倡导者提供他们需要前进的掩护。

不过,值得注意的是,并不存在社会认同的童话,它不会自己实现。如果你在一家大公司工作,市场部肯定会给你提供一些案例研究和社会认同的营销材料。问题是,它通常是通用的和一刀切的材料。

当社会认同来自与你的利益相关者相似的人或企业,并处于他们熟悉的圈子中时,这种认同效果最好。来自类似组织的业务结果是强有力的社会认同。

我曾经出售过一项服务,大多数潜在客户已经使用过。因此,我的主要关注点是取代现有的供应商。由于担心从一个供应商到另一个供应商的过渡将是一场破坏性的灾难,因此对利益相关者来说,什么都不做似乎是一个可行的选择。这也是我的竞争对手削弱我权力地位的最有力的一张牌。

为了消除这种恐惧,我提交了客户的推荐信,其中包括特定的业务结果。在这些推荐信中,我的客户滔滔不绝地谈论着过渡是如何顺利进行的,以及这如何使他们更容易快速地实现可衡量的业务结果。这是我需要的所有弹药,让利益相关者排队选择我作为他们的首选供应商。

我获得推荐信的过程很简单。

1. 我承担了所有权,并确保入驻顺利进行。
2. 我问那些开心的顾客,他们是否愿意为我提供一份推荐信——他们的态度总是很坚定。

3. 我为他们提前写好了推荐信。这是让他们这么做的关键，因为如果我把它留给我的客户来写，这就永远不会发生。

4. 我给他们发了一封电子邮件，请求他们允许我将我准备好的推荐信与他们的 logo 和 / 或头像一起使用。

5. 我持续推进，确保他们跟进。人们都很忙，有时候你必须提醒他们履行承诺。

结果，这就成了一个社会认同工具，用来打击我的竞争对手，加强我的权力地位。

必须有目的性和系统性地构建社会认同工具，帮助你的买家相信你能兑现你的承诺。必须系统地要求客户提供推荐信，收集有关可衡量的业务结果的案例研究，并写好推荐信。不要等别人来为你做这件事，也不要羞于开口。如果你不问，你就永远得不到。

在涉及广泛利益相关者的复杂交易中，有效的销售谈判代表会成为连接利益相关者的沟通枢纽。这提供了一种社会认可，使利益相关者愿意支持你。

在整个销售过程中，有效的销售谈判代表在战略和战术层面所做的一切都是为了影响利益相关者的动机。

这是加强你在销售谈判桌上的权力地位的真正关键之处。在这里走捷径，你铁定会输。

杠杆

当你拥有别人想要的东西时，你就有了筹码。你可以利用杠杆迫使人们：

- 改变他们的行为；
- 精益求精；
- 朝着你的立场前进；
- 做出让步；
- 停止谈判，达成协议。

让我们重申一个关于销售谈判的基本事实。在大多数情况下，组织和他们的利益相关者处于比你更强大的权力地位，因为他们几乎总是有更多的选择。

拥有更大权力的一方可以在购买过程中施加更多的控制，并在销售谈判桌上获得更多的让步。有时，一方可能意识到或知道自己拥有如此大的权力，不需要做出任何让步或妥协，因此变得棘手——"按我的条件做，否则免谈！"

杠杆使交易中的任何一方，无论其权力地位如何，都有能力迫使另一方改变行为。对于处于弱势地位的一方来说（选择余地更少），保留杠杆具有战略重要性。弱势一方的最大关切就是牢牢抓住权力不放，然后在适当的时候利用它来迫使实力较强的一方屈从于他们的意愿。

杠杆是一种货币，我们必须这样对待它。它有价值，必须用来交换价值。有效的销售谈判者绝不会在没有得到同等或更高价值的东西作为回报的情况下放弃筹码。从你与潜在客户接触的那一刻起，直到交易敲定，你永远都不应该免费放弃杠杆。杠杆的类型有多种形式，包括：

- 信息；
- 条款和条件；

- 定价；
- 沉没成本谬论；
- 认知失调；
- 人类对意义的需要；
- 稀缺性；
- 信任；
- 动机；
- 时间；
- 紧迫程度；
- 关系维护；
- 可衡量的业务结果；
- 错失恐惧症（FOMO）；
- 免费物品或服务；
- 附加服务。

在与利益相关者合作时，你将以两种不同的方式使用杠杆：

1. 作为谈判手段，在销售谈判桌上达成一致的协议；
2. 将购买过程与销售过程相结合，以获得控制权，从而消除或中和其他选择。

利用杠杆达成协议和交易

在来来回回的销售谈判中，杠杆在价值交易中被用来帮助你达成交易，同时保护你的利润空间和你的佣金。

当然，这意味着你必须知道和理解哪些杠杆可以为你的公司带来利

润,以及它们如何和为什么起作用。利润驱动程序包括:

- 某些高利润的产品和服务;
- 产品和服务附加组件及辅助产品;
- 协议的长度;
- 协议条款;
- 付款条件;
- 未来价格上涨;
- 最低要求;
- 标准化产品规格;
- 标准化服务需求;
- 地理服务区域;
- 法规遵循需求;
- 担保。

这只是部分列表,在每个组织中都是不同的。你的职责是了解哪些东西能驱动组织的利润以及如何驱动。此外,你还需要了解利润杠杆是如何影响你的收入的。

举个例子,我与一家公司的 5 年期合约的价格比 2 年期合约多出 10 倍,因为对方第二年后利润率呈指数级增长。签订为期 3 年、4 年或 5 年的协议可能意味着多获得 1 万美元或 1000 美元的佣金。在谈判时,我总是要求签订一份为期 5 年的协议,并准备在一些利润较低的项目上做出让步,比如设立账户的费用,以换取协议时效的延长。

这一切都与价值有关。当然,价值是因人而异的,关键是要注意利益相关者关注的是什么,以及他们认为什么是有价值的(参见前面关于利益相关者谈判清单的讨论)。

第 3 章 销售谈判策略：动机、杠杆和权力

在销售谈判桌上，当对方要求让步时，你必须始终要求一些东西来交换你的筹码。例如，如果买家说他们不想支付强制性的专业服务费，你可能会同意取消费用，以换取合同协议延长一年，"给他们更多的时间自己做这件事"。

这是一种简单的价值交换。如果你放弃了杠杆，你应该得到同等或更大价值的回报。

重要的是要理解，对你的利益相关者来说有价值的东西，对你来说可能价值不大，但这不会改变获得让步或迫使买家停止谈判、达成协议并签署协议的杠杆价值。

例如，他们可能希望你的清洁团队在周三打扫他们的办公室，但你在一周的哪一天为他们服务可能对你没有影响。在谈判中，这给了你优势。如果你想让他们同意某个合同条件，你可以用"保证星期三服务日"来换取这个让步。

这就是为什么你必须像对待辛苦赚来的钱一样对待杠杆。它是珍贵的、稀缺的，必须被保存和保护，这样当你需要迫使对方离开他们的位置而转向你的位置时，你就可以使用它。我们将在第 5 章更详细地讨论如何建立谈判杠杆清单和开发给予 – 索取清单。

利用杠杆使购买过程与销售过程保持一致

今年春天，我发现了我团队的一位销售人员正准备免费赠送她的一大笔筹码，当时我们正处于潜在的一项大的培训项目的早期阶段。The prospect 是一家财富 50 强公司，正在寻找培训合作伙伴，帮他们制定潜在客户和最佳渠道战略。他们的销售支持团队雇用了我们，因为他们听说了我们发掘潜在客户新兵训练营的成功经验。

在第二次探索会议之后,他们要求我们就培训方法进行演示,并对我们的课程进行概述,然后他们才同意安排我们与最终的决策者会面。这是影响者保持权力的经典做法。尽管这对我们来说不是理想的进展,但我们还是要屈从于他们的意愿,因为他们的影响力——与决策者的会面——比我们更强大。如果我们打算继续推进这笔交易,我们别无选择。

我的销售代表和她的上级花了三天时间来制作演示文稿,我顺道过来看看情况如何。她回答说:"我们会明天早上发邮件给你。"

"哇!"我脑子里的警报响个不停,"我们不会免费提供杠杆的。"

起初,她并没有察觉。按照利益相关者的要求,把我们的演示文稿发电子邮件给对方,这似乎再正常不过了。

"你把演示文稿发给她之后会发生什么呢?"我问。

沉默,思考,寻找回应。但是没有,她知道真相。如果她通过电子邮件发送了演示文稿(我们的筹码),股东得到了他想要的东西之后,交易陷入迟滞和拖延的可能性很大。

"你花了几个小时来制作这份报告?"

"至少10个小时?"她喃喃自语。

所以,你已经投入了所有的时间和精力,现在你打算不收取任何回报就发邮件给我吗?我摇头表示不赞成。"你应该要求些什么?"

我难以置信地盯着她看了一会儿,她才意识到自己快要犯错误了。急于取悦友好的利益相关者是一种破坏性的情绪。这种情绪无异于对方把手伸到你的口袋里,让你交出你所有的筹码。

第 3 章　销售谈判策略：动机、杠杆和权力

"我应该让他们安排一次会议来审查这份提案，并把它用作会见决策者的跳板。"

"完全正确！"我回答，"你有杠杆。用它来使他们的流程与我们的流程一致，用它来测试他们的参与度，用它来获得一个微小的承诺，用它来让他们与你的努力相匹配。"

然后我的销售代表给我打了电话，要求与我见面，回顾她的陈述，并指导他们学习课程。他们同意了。

这个演示引起了一场激烈的讨论。他们告诉我们，他们不想尝试在内部建立这种类型的培训（选择一个替代方案），而且我们的课程比他们正在考虑的其他培训提供商（选择另一个替代方案）更符合他们的愿景。

利益相关者小组对此印象深刻，他们同意召开会议，让我们与决策者分享演示——这是推进交易的一个微小承诺。

绘制购买过程

大多数大公司有一个正式明确的购买流程。较小的组织，至少有一个非正式的购买过程。购买过程通常有制衡机制，以确保公司的利益相关者用公司的钱做出正确的决策。

通常，销售越复杂，购买过程就越正式和完整。在低复杂性、低风险和短周期的情况下，购买过程通常会涉及一个人（可能是企业所有者）做出一个简单的是或不是的决定，或者非正式的类似"在我们做任何事情之前，我们必须和玛丽一起评估下"。

在处理复杂的企业级交易时，你必须了解组织的正式购买流程。你需要了解涉及的步骤、利益相关者的期望以及完成这些步骤的时机。确

定和绘制购买过程并不容易，但也不是一成不变的。

- 利益相关者可能会掩盖这个过程，因为他们觉得这样做会给他们带来谈判优势。
- 有时利益相关者无法看到更大的图景，而你可能只会发现流程中孤立的部分，而忽略了重要步骤。
- 在其他情况下，利益相关者很难带领你完成他们的购买过程，因为他们不把它看作一个过程。
- 有时，他们边走边编。

你必须询问过程，并不断地询问。一旦你了解了组织是如何进行购买的，你就可以开始运用杠杆来调整购买过程，使之与你的销售过程相一致。这是获得控制权的第一步，并开始系统地、一步一步地强化你的权力地位。

调整销售和购买流程最有效的策略之一是在最初的会议中就双方必须推进的步骤达成共识和协议，以便交付量身定制的提案。

提案是你的业务案例和定价——给买家的正式报价，在销售谈判中作为上限锚。这也是你在销售过程中最强大的杠杆，也是利益相关者最想要的信息。他们在整个销售过程中都与你一起投入了时间，而提案就是他们的回报。你可以使用它而不受惩罚地迫使买家屈服于你的流程。

不要用电子邮件发送提案

提案绝不通过电子邮件发送。如果利益相关者需要你的信息，他们必须安排一个正式的提案会议来获取信息。当我看到销售人员向股东通过电子邮件发送提案时，对我来说就像指甲在黑板上划一样难以忍受。

你永远、永远、永远不要通过电子邮件或任何其他方式提交提案，

第3章 销售谈判策略：动机、杠杆和权力

否则你就无法在那里指导你的买家。为什么？因为提案就是正式的提议，是你展示商业案例并寻求销售的平台。这是你得到明确决定、签署协议或开始销售谈判过程的机会。

是的，当然，销售谈判将远远超出这次会议，涉及更大的企业级交易。尽管如此，利益相关者谈判清单上的一些项目通常可以在这次会议中锁定。

如果你不通过电话、视频电话或亲自到场，这一切都不会发生。通常情况下，你的提案会陷入一个黑洞，你只能以徒劳的"只是跟进一下"的电话来敦促利益相关者。

更糟糕的是，你的业务案例可能被错误地解释或断章取义。因为你没有在那里评估他们的反应和澄清这些误解，这种印象就会根深蒂固。这可能会使利益相关者选择潜在的替代方案，让你处于劣势。

利益相关者利用杠杆让销售人员附和

很多时候，销售人员会被拉进客户的购买过程中，并被告知要提前推销，比如我的销售代表。他们往往没有利用他们的影响力来获得控制权，而是应对方要求开始提前推销。

他们一头冲进这些交易，提出建议，在缺乏信息的情况下推销解决方案；在了解之前提出挑战，无视其他利益相关者的影响；在没有赢得权力地位的情况下要求承诺。购买过程和销售过程是不同步的，他们会跳过步骤，让破坏性的情绪驱动他们的行为，并把情境意识推到一边。

在这个过程中，他们获胜的概率直线下降，结果是可以预测的。

- 交易停滞不前，资源被浪费在追求低概率交易上；
- 销售人员和自己谈判；

- 时间浪费在永远无法完成的交易上；
- 因为渠道的不可预测性，领导们感到沮丧；
- 利益相关者被激怒，因为他们把时间浪费在肤浅的、低价值的对话上；
- 为了掩盖这些错误并赢得生意，他们做出了有代价的让步。

如果你从事销售工作超过一个月，那么你的潜在客户可能面对面、电话或电子邮件中对你说过这样的话（或类似的话）：

- "我太忙了，没有时间见面，但我们很感兴趣。把你的提案发给我就行了。我看一下后给你回电话安排见面。"
- "把你的价格发过来，我们一直在寻求更好的交易。确定你的价格是最低的。"
- "我正在收集供应商的所有信息。一旦我们完成了所有的工作，我们就会开始安排会议。"
- "我们这周就要做出决定了，所以我们需要尽快得到你的信息。多久能把你的提案寄给我们？"

你绝不能屈服于急躁和绝望的情绪而做出反应，这样做就是免费赠送你的筹码；相反，你应该保护你的影响力，利用它来获得控制权，让他们的购买过程与你的销售过程保持一致。

在这些情况下，你的杠杆就是信息。买家想要或需要你的信息（阅读定价或免费咨询），如果你默许了他们的要求，你就免费放弃了你的影响力，成了他们的傀儡。因为一旦他们掌握了所有的筹码和权力，掌控局面的就是他们，而不是你了。

然而，如果把你的杠杆（信息）换成与决策者的一次会议、探索阶段的通话，你就有机会获得控制权，并使他们的流程与你的流程一致。

在复杂的和企业级的交易中，买家有时试图在销售过程中过早地协商某些关键事项。例如，在一个软件演示之前，买家可能会说："为了让我们的团队聚集在一起进行演示需要大量的工作和投入。如果你们的价格太高，我不想浪费他们的时间。请发送你最好的价格，如果它有意义，我们会同意做演示。"

如果销售人员承认了，他们就会毫无章法地放弃他们最强大的影响力。如果他们确实通过了这一过程，并在之后提出了最终方案，买家会再寻求更多的让步。

精明的买家在进行下一步操作之前都会使用这一策略——演示、试用、设备参观、探索会议等。有时买家甚至会在第一次见面之前就需要看到你的价格。

如果你屈服于你的情绪，放弃你的筹码，你会立即把自己置于一个软弱的位置。坦率地说，你的价格很有可能直接落入竞争对手的手中，让你失去成交的机会。

更好的做法是利用你的杠杆来测试参与性，然后进入下一步骤。例如：

- 买方：我们期待着带我们的团队到现场参观你们的工厂。不过，在我们采取下一步行动之前，我们想看看你们的定价。
- 卖方：有道理。在投入大量时间在这个过程中之前，你当然希望确保我们是合适的（这使用了我们将在第 7 章讨论的 ledge 技术）。

    这正是我们希望你和你的团队来参观我们工厂的原因，你有机会见见我们的团队，看看我们到底是怎么工作的。我们将有机会了解你们的期望和成功标准。

一旦这次访问结束,我们会根据你的特殊情况量身定制一个方案。从那以后,我们就可以做出明智的决定,决定是否继续谈判。我们把参观时间定在下星期四下午两点怎么样?

时间的奇妙形状

时间和时间的形状——加快或放慢时间——是一种强大的影响力,尤其是当一方签署协议的动机很高时。截止期限和紧迫感会让你和利益相关者做出让步。

高效的谈判者善于在销售过程的早期阶段就从利益相关者那里就参与的时间表达成共识。然而,时间杠杆是双向的。例如,当你面临预期的承诺、比赛截止日期或奖金机会时,你的动力就会增加。

我喜欢买家有截止日期。如果他们没有截止日期,我会尽最大努力让他们在销售过程的探索/演示阶段遵守时间表。同样的(特别是在交易性和短周期的交易中),特别折扣、产品短缺、数量有限、交货时间、潜在的延期订单,等等,这些都会产生紧迫感,发挥出杠杆作用。当他们排除了其他选择时,也会加强你的权力地位。任何产生紧迫感的事情都是在销售谈判桌上对抗强权的克星。

买家已经掌握了如何利用时间让销售人员主动提前推销。我认识一些买家,他们故意将谈判推迟到季度末,因为他们知道销售人员和他们的领导在那个时候要听话得多。

以前面的一个例子为例:"我们这周要做决定,所以我们需要快速获取你的信息。多快能把你的提案寄给我们?"这是古老的"让你加

第 3 章 销售谈判策略：动机、杠杆和权力

速，让你慢下来"的游戏。利益相关者表示他们感兴趣并即将做出购买决定。"如果你想加入，你得动作快点"。

这种策略被称为时间压缩。买家会告诉销售人员，他们在有限的时间来进行交易或做出决定。销售人员特别容易上钩，他们停下手头的工作，花一个下午（或者一整天）制订出完美的提案，推动他们的领导批准更低的价格，通过电子邮件发送提案，敲定交易，将其添加到他们的待成交预期单中，然后满怀希望。

为什么会这样？销售人员无法管理破坏性情绪——绝望、缺乏信心、害怕错过和虚幻的希望。

不要被动地应对，而是以轻松的信心，以各种形式应对时间的压缩。说明你的立场，利用优势迫使买家向你靠拢。

买方：这周我们就要做出决定了，所以我们需要尽快得到你的信息。多快能把你的提案寄给我们？

卖方：约翰，我的竞争对手会很乐意向你抛出一份提案的。这对他们来说很容易。他们有一个通用的包装盒，并希望所有的客户都能纳入那个盒子。这就是我们的不同之处。在我们公司，我们围绕着你建造盒子。我只需要你给我一点时间问我一些问题，这样我就能更好地理解你了。然后我会根据你的特殊情况制订一个方案。这样，你就有机会进行真正的同类比较，并选择你认为最适合公司的解决方案。我们明天下午两点见面怎么样？

当你以这种方式使用杠杆时，你会得到以下三种可能的回应之一：

"有道理——我们什么时候能见面？"在这一点上，你已经获得了控制权，重塑了购买流程，并获得了使其与销售流程相一致的权力——最有可能破坏了竞争对手的代表，他们误认为自己已经完成了交易。

"这需要多少时间？"或者"我们还有别的办法吗？"在这种情况下，买方正在就你方的杠杆进行谈判。你知道情况紧急，所以你只需要确定如何以及何时召开会议。

"听着，我们真的没有时间见面。如果你想尝试一下，请把你的提案发给我们。"你现在知道，达成协议是不可能的。这个时候离开并保留你宝贵的时间和杠杆为更高的可能性发挥作用。

有效的销售谈判者不会暴露他们的筹码。为了追求更高的胜率，他们控制着破坏性情绪。他们从不因为"害怕错过"而浪费时间填写一份盲目的需求建议书（RFP）或递交一份瞎编的提案。希望不是策略，也不是一种好的时间投资。

相反，高效的谈判者会利用影响力来塑造利益相关者的行为，通过塑造潜在客户的购买过程，使其与销售过程相一致，从而使自己处于获胜的位置。

不要免费赠送你的筹码。再一次向那些仍然没有理解的人表示——不要免费提供杠杆。当你付出价值时，你必须要求并获得更大或同等价值的东西作为回报。

权力地位

权力源于拥有替代选择。在销售谈判桌上,一方的选择余地越大,其权力地位越强;一方拥有的权力越大,就能要求更多的让步。

买家几乎总是处于比卖家更强大的地位。

- 买家通常可以选择不做任何决定。
- 几乎总是有竞争者在排队向他们出售类似的产品或服务。
- 买家甚至可以选择将其内部处理并自己进行。

销售人员通常处于较弱的权力地位,因为他们有较少的选择。

- 由于未能持续探知,他们的未来客户的范围小到不存在。
- 他们发现自己被领导者要求做出月度、季度和年度销售预测,陷入了困境。
- 他们正在执行业绩计划,必须完成交易才能保住工作。
- 他们所在的市场或行业竞争激烈。
- 市场上有许多买家认为是相同的类似产品。
- 尽管他们几乎总是有另一个潜在客户可以销售,但销售人员很少有这种感觉。

因此,买家一开始自然处于较强的权力地位,这让他们很容易说服处于弱势地位的销售人员免费交出他们的筹码。

买家的力量之一是事物的自然秩序。例如,如果买家是一家顶级品牌的大型跨国公司,那么很可能有一长串的销售人员在等待机会达成交易。拥有大量资源的组织拥有巨大的购买力和谈判能力。

不过,更大的原因是卖家自己造成的伤害,卖家想象买家有比实际更多的选择。这种错误的信念可能是买方虚张声势的结果，也可能是卖方缺乏对市场和竞争对手的了解。通常这是在销售过程中发现不足的一个症状，未能发现买方对卖方的需求远比他们说出来的要多。

唯一的关注点是加强你的权力地位

你要想掌控一切，要想感到自信，要想感觉自己有权力，你就要避免做出会对你的薪酬产生负面影响的让步。

这就是为什么如此多的销售人员都在寻找欧比旺·肯诺比（Obi-Wan Kenobi）战术的原因，这种战术能让他们挥挥手就战胜对方："这些不是你要找的机器人。"

这就是我们都想要的那种力量，但是这只会发生在电影以及一些谈判书籍和培训课程中，以迎合这种愿望。然而，让"谈判力量"站在你这边的真正秘密，并不是性感、冷静的秘诀，而是看似更无聊的东西。

你看，销售人员发现自己处于弱势地位的最常见原因是他们在销售过程中跳过某些步骤或走捷径。当你在销售过程中跳过某些步骤，尤其是发现你：

- 还没赢就被迫让步了；
- 成为买家的傀儡；
- 获得最大折扣，但却没有弹药来捍卫和证明你的立场，因为你没有进行深入的探索，没有为你的提案的价值建立一个清晰的案例；
- 在价格上给予较大的折扣，以补偿你"出现并抛出价格"的事实；
- 浪费时间与不能做出决定的利益相关者进行谈判，最终以相同的形式进行两次谈判；
- 拥有薄弱的业务案例，无法消除或中和对方的替代方案。

第3章 销售谈判策略：动机、杠杆和权力

我可以教你谈判的心态、策略、框架和技巧，直到达成交易，但是如果你在销售过程中走捷径，你就会回到你开始的地方——受挫、失败、打折，放弃你的佣金。

在我的职业生涯中，有很多销售人员来找我，希望我能给他们一些绝地武士般的意念技巧。他们正在拼命寻找一种一招制敌的技巧，能把他们变成交易和谈判的大师。

这些妄自尊大的销售人员拒绝面对这样的事实：掌握成交和销售谈判的真正秘诀始于把整个销售过程做到卓越。对他们来说，最好是寻找捷径、简单的按钮或者神秘的心灵技巧，而不是埋头苦干，有条不紊地、一步一步地通过渠道推进交易。

没有任何谈判技巧、行动、游戏和策略，可以让你免于失败、跟进和执行销售过程。这是销售人员在谈判桌上放弃一切的根本原因。

销售真理：重要的是销售过程，笨蛋

你不能把销售过程中的卓越与销售谈判中的卓越分开。正如我的朋友迈克·温伯格（Mike Weinberg）所说："这就是销售的真谛。"

你已经听腻了销售过程。你可以在销售培训中听到，也可以在这样的书里看到销售过程无聊极了，而销售人员讨厌无聊。

你想要更多，肯定还有更多！当你读到我关于遵循销售过程的告诫时，也许你在想："这里没有什么新东西。这些我都听过了。销售流程，销售流程，销售流程，够了！"

你想要更好的方式，你想让我迎合你，告诉你我有一种技巧，可以保证让你成为一个强大的谈判者，每次都能达成交易。

这是不可能发生的。如果任何一个培训师或作者告诉你，你可以在销售过程中走捷径，同时仍然是一个有效的销售人员或谈判者，那么他就是在撒谎。

所以，如果你因为我没说你想听的话而生气，那就别想了。寻求捷径是一种故意的失败决定。逃避真相纯粹是一种错觉。

在销售谈判桌上达成协议并获得力量的真正秘诀是掌握、控制和执行销售过程。这是这本书中最重要的一课。我希望你能一直追寻，因为这是残酷的销售真理——无聊的工作。

绝地秘诀

销售结果是可预测的，这取决于销售人员在销售过程中如何利用、执行和推动交易。跟随一个精心设计的销售过程，并在购买窗口中找到合格的潜在客户，你将以更高的价格、更优惠的条件完成更多的交易。这是事实，也是保证。

如果你正在寻找一种绝地秘诀，可以让你在与买家的谈判中占据上风，那么最好的选择就是（见图3-3）：

- 寻找潜在客户；
- 达到要求；
- 首次会议；
- 协调销售和购买流程；
- 利益相关者划分；
- 获得一致的微承诺；
- 发现、探索、发现；
- 解决方案划分和利益相关者共识；

第3章 销售谈判策略：动机、杠杆和权力

- 重视沟通、陈述和建议；
- 克服异议；
- 谈判；
- 签订协议。

图 3-3 销售的成功意味着将部件按正确的顺序摆放到位

系统地将合适的机会放入你的销售渠道中，并通过渠道推进它们，是赢得领先的关键。销售过程和谈判过程是不可避免地交织在一起的。

你不能等到谈判阶段才开始考虑谈判。为了有效，你必须从一开始就着眼于整个棋盘，并专注于加强你为你的团队获胜的可能性。你必须了解其他玩家，保护你的杠杆，提高你的权力地位，并计划你的行动。

在国际象棋和销售中，每一步都有胜算。这是一个简单的数学问题——基于黑板上的内容。计算每一步棋的获胜概率是专业象棋大师和

超高业绩的销售专业人士赢得比赛的方式。

每一个行动、步骤、问题、演示、汇报——他们在销售过程中所做的每一件事都是经过计算和设计的,为的是在谈判到来时,让他们的胜算大大增加,并提高自己的权力地位。

在每一种销售情况下,都有多种达成交易的途径和可以部署的技术。就像国际象棋大师一样,你必须选择一条给你的团队带来最大胜算的路径。

力量在于选择

谈判协议的最佳替代方案(Best Alternative to a Negotiated Agreement, BATNA)是罗杰·费雪(Roger Fisher)和威廉·尤里(William Ury)在他们的经典著作《达成同意:谈判而不让步》(*Getting to Yes: Negotiating Without Giving In*)中创造的一个术语。

如果你无法达成协议,BATNA 是你最好的选择。例如,你可以走开,寻找另一个买家,把交易流程从头到尾再走一遍,或者你最终达成你一直让步到你的极限和不可谈判的位置的协议。

利益相关者选择谈判的原因是,他们觉得谈判比不谈判能达成更好的交易。他们不会盲目地接受你的提议和你的承诺,而是要求你做出让步。

当一方有了可行的选择,他们就拥有了权力,因为他们可以在情感上超脱,转而选择另一个选择。一般来说,他们觉得自己拥有的替代品越多,他们就能获得越多的让步。

在大多数情况下,他们会有其他选择。例如,除了少数情况外,利

第3章 销售谈判策略：动机、杠杆和权力

益相关者都可以选择什么也不做。这就是为什么"不做决定"地坚持现状是交易失败的首要原因。

一些潜在客户可能会选择自己来做，并在公司内部进行。这是我在和一家公司谈判把我的视频编辑和制作外包出去时随身携带的BATNA。当我们不能在价格上达成一致时，我雇了自己的团队。

当然，BATNA买家最常使用的权力是与你的竞争对手做生意。几乎总会有竞争对手，对于利益相关者来说，除非他们有相反的有力证据，否则你和你的竞争对手看起来是一样的。

这让我回到了销售过程。在这里，你有机会通过建立关系和无懈可击的业务案例来区分并击败你的竞争对手。

提高你的权力地位

你总是在谈判，有时一天或一周好几次，你必须一直思考如何加强你的权力地位。这是一种销售谈判的游戏策略，并且一直有效。

作为一名销售专业人士，从早上醒来到晚上躺下，你最关注的是加强你在交易中的权力地位。你可以通过增加你的选择或通过消除和中和对方的替代选择来提高你的权力地位。

增加你的选择的措施如下：

1. 对探索签约客户要有狂热的热情，建立一个充满入选机会强大的渠道，这为你实现销售目标提供了多种途径。

2. 避免在紧要关头谈判重要的机会（如月底、季度末或年末），因为实现销售预测的自然压力会排除其他选择。这意味着需要控制销售过程和管理时间轴。

3. 提前计算你的交易数额，这样你就可以提前完成你的工作。这给了你一个选择——从任何交易中抽身而出。第四季度有望填补第一季度的空缺。

4. 利用放松的自信暗示你还有其他选择。这本质上是一种情感上的虚张声势。但是要记住，放松的自信和傲慢之间有很大的区别。

消除或中和另一方的替代选择的措施如下：

1. 积极地寻找在购买窗口中符合条件的潜在客户。紧急情况会消除替代方案。

2. 关注那些适合你的产品或服务的组织，并将你和你的公司视为他们的最佳选择。需求消除了替代方案。

3. 利用稀缺性和时间压缩来降低可行的替代方案。

4. 首先，要让利益相关者选择你作为他们的供应商。当利益相关者为你做出一个明确或隐含的决定时，它会降低替代方案的价值。

5. 建立支持者和教练。当你绘制利益相关者的名单，并积极地开发支持者和教练，这将帮助你利用社会认同压力来中和反对者提出的替代方案。

6. 了解你的竞争对手。如果你掌握了事实，就更容易中和或消除竞争对手。

7. 给利益相关者一个与你合作的业务案例，展示你的解决方案将如何帮助他们实现他们想要的业务结果，并将这些预期结果与他们业务中重要的指标联系起来。为 MBOs 建立价值桥梁创造差异化，同时降低其他潜在替代方案的价值。

8. 了解数字（重要的指标），能够使用计算器来演示并使价值桥梁切实可见。

抢先一步，塑造你的角色

消除或中和利益相关者的替代方案的最有效的方法之一就是先做到这一点——成为一个狂热的探索者。在一个开放的购买窗口之前，就开始与潜在客户合作并培养他们。这使你既可以在前端影响潜在客户的购买过程，又可以消除竞争的替代方案。

抢先一步可以让你扮演顾问的角色，从而影响对方的购买决策和你的胜算。你有机会帮助利益相关者制定评估供应商的标准，并教他们如何购买。

在塑造角色的过程中，你有机会书写需求建议书和投标说明书。你可以给竞争对手埋雷，在购买过程中增加、减少或改变步骤，你可以通过消除、削弱或中和其他选择来加强你的权力地位。

我们已经帮助许多客户理解了抢先一步的价值。当他们的销售人员在官方购买窗口打开之前与潜在客户进行接触时，他们交易的成交率和盈利能力就会飙升。当他们积极主动、提前进场时，他们的成交率超过70%，但当他们进场晚时，成交率则低于10%。

当然，有时你无法在交易中领先竞争对手。这时，你必须利用杠杆，让购买过程回到你的销售过程，打乱你的竞争对手的节奏，重塑对你有利的游戏棋盘。

利用投资效果和一致性原则来提高你的权力地位

文森特·梵高（Vincent Van Gogh）曾经说过："伟大的事情不是凭一时的冲动做成的，而是由一系列的小步骤汇集而成的。"销售过程实际上就是一系列循序渐进的微承诺。高效的销售谈判代表通过使用杠杆迫使利益相关者有条不紊地推进这些步骤，从而加强自己的权力地位。除了帮助你建立和发现人际关系之外，微承诺还通过激活人类价值偏见和一致性原则（也被称为投资效应）来加强你的权力地位。

人类重视那些需要他们付出代价的东西。当你为某物付出高昂的代价（金钱、精力、时间或情感），那它对你来说意味着更多。当人们免费得到某样东西或不需要付出任何努力就能得到它时，就很少有情感联系或赋予价值——不管那件东西对另一个人来说有多大的价值。同样地，稀缺的东西比丰富的东西更有价值，这就是稀缺效应。

同样，人类有一种强烈的潜意识驱动力，使其行动、行为做出与他们的价值观和信念相一致的决定，否则就会引发痛苦的认知失调。

认知失调是当我们试图同时持有两种对立的价值观时，我们感到的痛苦的精神压力。当你对别人许下诺言，却又违背了诺言，这让你感觉很难受。这种不好的感觉就是认知失调。每当利益相关者做出并执行一个微承诺时，他们必须改变自己的价值和信念体系，使之与承诺一致，从而减少不一致。微承诺是漫长购买旅程中的一小步，每一个承诺都会使付出的代价增加。替代方案就感觉不那么有价值或不那么相关。

对于每一个微承诺、时间投资或小的努力，利益相关者都被迫（激励）以与他们的承诺一致的方式行动。他们与你的情感联系越来越紧密，对过程的重视程度越来越高，对结果的责任感也越来越强。

当利益相关者在销售和购买过程中持续投入时间、情感和行动时，你将更有可能：

- 成为供应商的选择；
- 与你和你的公司建立一种深厚的情感联系；
- 建立一个强大且令人信服的商业案例；

第 3 章 销售谈判策略：动机、杠杆和权力

- 消除或中和替代方案。

定期的微承诺可以加快交易速度，帮助你保持良好的势头。每向前一步，下一步就会更容易。在销售谈判过程中，这些小的协议会让你尽可能减少或消除其他选择。在与利益相关者的每次谈话中，都要求一些微承诺。微承诺包括下次会议、接触另一个利益相关者或提升到高管级别、数据和信息、发票、合同副本、竞争对手的抵押品、设施参观、早餐、午餐、晚餐、咖啡，或任何需要他们同意并履行承诺的事情。

在确定下一步的会议、汇报、设备参观、演示和其他利益相关者会议之前，不要离开销售会议；升级到与决策者会见；获取用于构建业务案例的数据；或者安排下一次会议、提案和闭幕/谈判会议。

重要的是要明白，作为一名销售专业人员，你的工作是推进进程，永远不要期望你的客户为你做这件事。遵循这个简单的销售会议的基本规则是有好处的：在销售会议结束之前，无论是面对面还是电话沟通，都要和你的利益相关者确定并承诺下一步要做什么！

预期的替代方案

谈判大师为对方的替代方案制订计划。他们列出了所有可能的替代方案，并对它们进行排序，从而确定了 BATNA。然后他们开始系统地建立消除这些替代方案的理由。

你越了解对方的选择，以及哪些利益相关者可能将这些选择作为可行的选择来推广，你在构建商业案例时就会越有效。有了这些知识，你就能在谈判桌上消除、中和或最小化这些替代选择。这需要你摘下你的有色眼镜，克服你的确认偏见——人们倾向于只看到反映自己信念的东西。这需要意识，甚至需要一点偏执。

从你与潜在客户接触的那一刻起，就要开始编辑和排序利益相关者的备选名单。不要碰运气。考虑每一种他们可能看到的选择你的可能性。然后，随着销售流程的推进，更新排序列表（见图3-4）。

利益相关者清单	利益相关者替代方案	BATNA排序

图 3-4　构建利益相关者 BATNA 列表

在对话中提出挑衅性的问题，让潜在的替代方案浮出水面。认识到利益相关者并不总是对你诚实，他们可能会告诉你，他们有其他的选择，但这只是为了加强他们的权力地位。

利益相关者也可能是妄想，例如，他们可能认为他们可以有效地构建和维护自己的软件程序。因此，你需要知道你的产品、市场趋势、成本、你的竞争对手以及潜在客户的内部能力。

即使在销售过程中你无法排除替代方案，你也可以利用这些信息帮助对方看到替代方案的缺点，不然他们会试图利用这些替代方案来换取你的让步。

你必须做深刻的探索来理解他们：

- 真实的现状；

- 无所事事的负面影响；
- 期望的最终目标；
- 重要的度量指标。

尽可能多的选择符合买方的最大利益。为了你的利益，你应该尽可能地减少这些选择。在销售过程中，你的工作是建立一个案例，让他们重新考虑什么是可行的，什么是不可行的。

丹尼尔·J.布尔斯廷（Daniel J. Boorstin）曾经说过："探索的最大障碍不是无知，而是知识的幻觉。"谈判也是如此，这种错觉是假设你的提案是你的利益相关者考虑的唯一选择。做出这种错误假设的根本原因是跳过或缩短销售过程中的步骤。

现状和安全偏见以及为什么没有决定往往是最重要的

这是一个显而易见的事实：人类不喜欢改变。我们总在积极地避免它，我们坚持自己的习惯和爱好。我们的生活准则是"如果它没有坏，就不要修理它"。每当有人提出可以做出改变时，我们就会变得焦虑、愤世嫉俗、叛逆——即使改变对我们有利。

人类生活在一种潜在的恐惧中，害怕变化会使事情变得更糟，被迫避免做出不可逆转的决定。这种对现状的偏见，是利益相关者在销售过程的最后阶段抛出反对意见使交易陷入停滞的首要原因。

启发式和认知偏差研究之父丹尼尔·卡尼曼（Daniel Kahneman）在他的《思考，快与慢》（*Thinking, Fast and Slow*）一书中写道：

> 那些更注重避免威胁而不是最大化机会的生物更有可能将他们的基因传递下去。因此，随着时间的推移，损失的前景比获得承诺

更能激发你的行为动机。

当面对选择时，我们会倾向于那些被认为风险最小的选择。这种安全偏见会让买家的大脑意识到不好的事情（错的事情），而不是好的事情（对的事情）。

从进化的角度来看，这是有道理的。虽然你可能会错过一件好事的机会，比如一顿免费的午餐，但如果你没有注意到所处环境中的风险，你可能会遭遇非常糟糕的事情——成为午餐。

作为人类，我们往往会被安全的选择和安全的环境所吸引。买家很担心"如果我们做了改变，结果出了问题怎么办？"他们担心你不会兑现承诺，你会破坏他们的生意，你会操纵他们。他们为什么不应该这样想呢？在你之前来的销售人员在最重要的时刻让他们失望了。

购买者将这种情感包袱带进了购买过程，而且由于人们对负面事件的记忆远比正面事件生动，利益相关者会认为过去的负面事件在未来更有可能发生。

当"安全偏见"与"现状偏见"结合在一起时，就会产生一道可怕的情感墙，导致利益相关者无所作为。不做决定就会导致交易失败的首要原因是担心未来会产生负面后果。

这些有害的认知偏见协同作用，导致你的利益相关者下意识地放大每一个缺陷、每一个风险，以及对你和你的主张的每一个担忧——人类消极偏见。他们感到紧张不安、不确定和害怕。因此，他们选择留在原地，不做任何改变（现状）。

即使在难以维持的情况下，当为了生存而必须改变时，人们也会固守现状："熟悉的魔鬼总比未知的魔鬼好。"

第 3 章 销售谈判策略：动机、杠杆和权力

让销售人员抓狂的是，他们把口渴的马带到水边，但无论怎么推、怎么挤、怎么哄骗都不能让它们喝水。无论你是试图影响潜在客户改变供应商、诱使客户购买新产品、呼吁公司采用新系统，还是挑战利益相关者团队改变他们的想法，他们几乎总是将现状视为他们的 BATNA。

优秀的销售谈判者通过准备工作和微承诺来适应变化，帮助利益相关者克服他们现有的偏见。

1.通过推进一系列微承诺，即小规模、低风险、易于消费的措施，为利益相关者应对变化做好准备。

2.启动变更是在探索过程中通过巧妙的问题来完成的，这些问题允许利益相关者谈论什么都不做的负面影响，同时想象一个理想的未来状态。

然而，信任是打破现状引力的一种情感。尽管很少有决策是完全没有风险的，但信任在减少利益相关者的恐惧和使其感知风险最小化方面发挥了至关重要的作用。信任的基础是一步一个脚印建立和赢得的，在你的销售过程中，通过你的行动证明，你是值得信赖的。

探索：建立案例的艺术

探索是建立案例进而建立信任的过程。这是销售过程中最重要的一步，是你应该花费 80% 甚至更多时间的地方。根据交易的复杂程度，探索可能持续几分钟，也可能持续好几个月，需要与众多利益相关者举行会议。

在探索过程中，你必须有耐心、有策略、有条理，目的就是利用战

略性、艺术性和挑衅性的问题：

- 建立自我意识，让利益相关者意识到需要改变；
- 挑战现状，动摇利益相关者的舒适区；
- 帮助利益相关者看到缺陷并消除可替代方案。

在销售过程中，除了把正确的交易放在第一位，没有什么比有效的探索更能影响你在销售谈判桌上的地位。

这不是性感，但这是达成交易的关键

探索可能是缓慢、耗时和情感上的挑战，需要意图、策略和计划。你必须问一些开放式的问题，表现出真诚的兴趣，并倾听。

比起花时间去真正理解对你的潜在客户和他们的利益相关者来说什么是重要的，快速地浏览一些自我中心的、封闭式的问题、邮件，并希望得到最好的结果要容易得多。人与人之间的互动被快捷方式和保持距离的交流所取代。

许多销售人员在销售谈判桌上挣扎的一个主要原因是他们的探索是薄弱和不充分的。他们几乎没有弹药来捍卫或支持他们的立场。当买方反驳说他们的竞争对手和他们一样且价格更低时，销售人员无法提供任何东西，除了折扣。

以客户经理朱莉为例，她走进一个新客户的办公室，做了自我介绍，然后开始推销她的公司和产品。

买家雷蒙德最终厌倦了这种推销方式，拒绝了朱莉。"朱莉，我们现在的卖家做得很好，但我们仍愿意接受其他报价。这是我们现在用的产品的规格说明书。想个办法，把报价合同发给我，然后我们再谈。不过,我只想让你知道,你需要把价格定得更准确一些。"

朱莉冲回办公室,整理了一段引文。她告诉销售经理:"我在 Arc Lawn Industries 公司有一个很好的机会。我在跟决策者谈话,他非常感兴趣!但我得在价格上更激进才能签下它。"她得到了大幅折扣的批准,并把她的报价通过电子邮件发给了雷蒙德。

三天后,朱莉打电话给雷蒙德。"雷蒙德,你觉得我的报价怎么样?"

"你们的价格比我们现在支付的要高得多。"他回应道。

这使朱莉陷入困境,她试图缓一缓。"我们给了你最激进的价格。不过要知道,我们的产品比你们从我的竞争对手那里得到的质量要高得多,功能也更多。"

"这可能是真的,但我们现在使用的是有效的。再说了,也没什么不同,你们都差不多。如果你想尝试我们的业务,你就需要大幅降低价格。"

因为没有进行探索,朱莉几乎没有证据来解释价值。她"来了就抛出价格"的行为在雷蒙德看来,她的产品和她的竞争对手的产品除了价格之外没有任何区别。

朱莉的选择很困难:要么进一步打折,放弃她所有的利润和佣金,要么走人。听起来是不是很熟悉?对许多销售人员来说,这只是平常的一天。

谈判弹药

如果你有机会近距离看到冰山,你就会知道它们有多么巨大。然而,令人费解的是,你所看到的冰山只是冰山整体的一小部分,大部分都隐藏在水面之下。

利益相关者就像冰山，只透露表面信息，而隐藏他们真实的问题和情绪。利益相关者不自觉地也允许卖方隐藏在表面之下。守口如瓶是他们保护和加强自己权力地位的方式。

探索是一种质疑的语言。你问的任何问题都比你说的任何话更有影响力，而你认为你应该说的任何话，以问题的形式表达出来会有十倍的影响力。在一场流畅的对话中，巧妙地提出结构灵活的开放式问题，让利益相关者参与进来，并帮助你透过表面看问题。当你把探索视为一场流畅的对话时，你就解除了利益相关者的武器，把他们吸引进来，降低他们的情感墙以深入到表面之下，并收集你需要的信息来建立一个无懈可击的商业案例，消除替代方案。你对利益相关者说的话表现得越感兴趣，他们就会觉得越有价值。他们感觉越好，就越想说话。他们说得越多，就越觉得和你联系紧密。当你与他们建立联系时，你就有权利问更深层次的、更有战略意义的问题，这些问题可以深入到表面之下，得到你所需要的信息。

巧妙的问题具有挑衅性。有时它们只是简单的停顿，以引起回应来填补沉默。它们使利益相关者思考并变得有自我意识。巧妙的问题是有机的，建立在对话的基础上。它们必须与时机相匹配，不能按剧本来写。

战略问题设置好，就能支持主要的销售战略并推动下一步行动。这些问题都是以结果为中心的，在棋盘上还有三到五步棋要走。

同理心、情境意识、注意力控制、情绪控制和自信都是提出符合情境的有策略和有技巧的问题的渠道。

许多交易之所以能在探索过程中获得成功，是因为一个恰当的问题引发了对潜在替代品的怀疑：当前的供应商、竞争对手、另一个系统或流程、认为可以在内部完成或什么都不做的信念。巧妙的问题会促使利益相关者考虑不采取行动的影响和风险。在这里，选择你和你的公司作为首选供应商的隐含决定就开始形成了。

SCORE 探索框架

探索是建立你的案例（与你做生意的价值），消除其他选择。SCORE 是一个很容易记住的建立商业案例所需的关键点的英文首字母缩写（见图 3–5）。

S	利益相关者成功的标准
C	供应商评估标准
O	重要的预期业务结果和指标
R	实际状态
E	最终状态

图 3–5 利用 SCORE 探索框架成为一个强大的谈判者

SCORE 探索框架的强大之处在于，它能让你保持在正确的轨道上，并允许你灵活地适应不同的环境：不同的行业、不同的产品和服务、不同的周期、多层次的复杂性、不同的利益相关者和不同的销售人员。它很容易集成到任何销售过程模型和质疑方法，如 SPIN。

利益相关者的成功标准

好的探索始于 BASIC 利益相关者档案（见图 3–6）。正如你所了解的，利益相关者在购买过程中扮演着不同的角色，每个人都拥有你构建业务案例所需的信息。

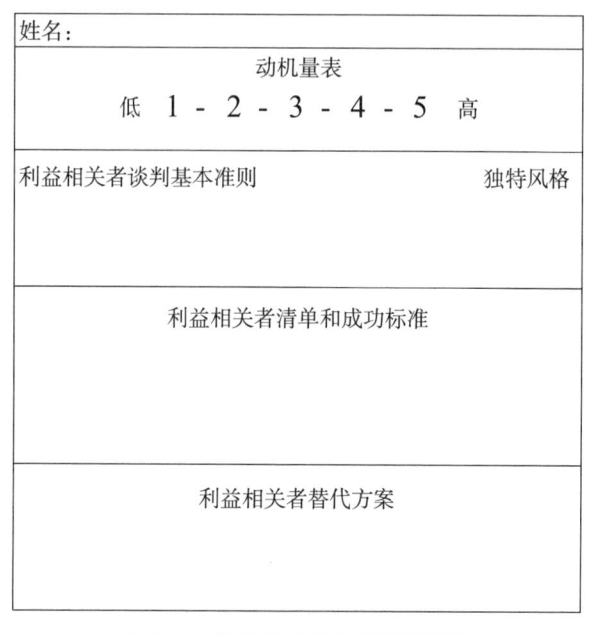

```
┌─────────────────────────────────────────┐
│ 姓名：                                   │
│              动机量表                    │
│         低 1 - 2 - 3 - 4 - 5 高          │
├─────────────────────────────────────────┤
│ 利益相关者谈判基本准则        独特风格    │
│                                         │
│                                         │
├─────────────────────────────────────────┤
│          利益相关者清单和成功标准         │
│                                         │
│                                         │
├─────────────────────────────────────────┤
│            利益相关者替代方案             │
│                                         │
│                                         │
└─────────────────────────────────────────┘
```

图 3-6 构建利益相关者谈判档案

最重要的是，每个利益相关者都有他们自己的成功标准，他们想要解决的问题，以及与你做生意的替代方案的想法和感受。为了揭示个人利益相关者的标准，你会问这样的问题：

- "告诉我成功对你来说意味着什么？"
- "你能告诉我什么对你来说最重要吗？"
- "你想要解决什么问题？"
- "目前的情况是什么让你最担心？"
- "你能给我介绍一下你认为可以解决这些问题的备选方案吗？"

你将使用所学到的信息为每个利益相关者构建一个利益相关者谈判档案。我们将在第 5 章进行更详细的讨论。

供应商评估准则

了解利益相关者和他们的公司将如何选择供应商非常重要。

当你有了这些信息,你就会了解到公司计划如何谈判这笔交易,如何加强和保护它们的权力地位,以及如何建立你的战略,通过调整你的陈述、推荐和商业案例,以评估标准来削弱任何替代方案。尽早进入,你将有机会用洞察力来制定评估标准。

重要的预期业务结果和度量标准

确定可衡量的业务成果(MBOs),并对这些成果的价值达成共识,即重要指标(MTM),也是你取得成功的地方。

其中一些业务成果将会公开,并且会被利益相关者确认。然而,探索的魔力在于,通过巧妙和战略性的问题,将问题、痛苦和机会呈现在表面。

有效的探索应该有助于利益相关者意识到创建 MBOs 的机会,从而改变他们的业务。当你让利益相关者觉得这些 MBOs 触手可及时,替代方案就会逐渐消失,而你的权力地位就会增强。

然而,可衡量的指标是你在谈判桌上提出理由的关键。你必须对重要指标非常了解,当你被迫降低你的价格或与竞争对手进行不公平的比较时,你可以拿出你的计算器,用白纸黑字展示你的建议的价值来轻松扭转局面。

实际状态

一个总是摆在桌面上的选择就是什么都不做,因此,你必须深入挖掘以了解事态的真实现状。

利益相关者会因为各种原因混淆和隐藏真相，包括尴尬、错觉、脱节，以及试图保护他们的优势地位。这就是为什么你必须花时间与多个利益相关者在一起，在演示、参观之前进行探索，花一天时间观察他们如何开展业务，并深入研究数据以获得真实的情况。

因为现状和安全偏见总是在起作用，什么都不做几乎总是被认为是最有力的选择，你必须把消除"没有决定"作为你的使命。你可以这样做：

1. 提出挑衅性的问题，把真实情况带到桌面，让利益相关者意识到需要改变；

2. 帮助利益相关者理解为什么现实状态是站不住脚和不可持续的；

3. 利用放大者将当前组织的痛苦推给可能受到影响的关键利益相关者；

4. 利用信息、洞察力和你所收集的故事来吸引那些与现实脱节的利益相关者。

最终状态

最终状态或未来状态的远景与业务结果和利益相关者成功标准联系在一起。在这里，你开始让利益相关者在动机上得到提高。

目标是让所有 BASIC 利益相关者阐明他们对未来的愿景。这个愿景将是你的业务成果图、提案和价值桥梁的重点。

资格

如果每次听到销售主管或销售专家说"我们很擅长销售，我们只是不知道如何达成交易"时,我都能得到一美元,那我现在已经拥有自己的私人岛屿了。

我理解这些销售人员的领导们的挫折感,因为看到他们的销售团队苦苦挣扎很难,但更难的是为他们未完成的销售数额和预期收入辩护。

当然,销售人员没有得到交易的原因有很多:

- 与不能做决定的利益相关者接触;
- 未能请求并获得推动交易的微承诺;
- 推销功能,而不是建立与可衡量的业务结果相关的案例;
- 在被选为供应商之前进行谈判。

这些可能都是事实,但更残酷的事实是,当销售人员在艰难地完成交易时,几乎总是与渠道有直接联系,渠道里满是甚至连最低资格标准都达不到的机会。

对于在 Sales Gravy 担任顾问的我来说,经常会在客户的渠道上进行"谋杀董事会"游戏(参见我的书《销售情商》),从而扼杀掉一半至三分之二的交易。对于领导者和他们的销售人员来说,这是一种让他们大开眼界、撕心裂肺的经历,让他们直面自己的销售渠道是捏造的事实。这很伤人,但你不能凭错觉赚钱。

当你选择错觉而不是现实时,你不仅是在欺骗自己,而且是在降低你的标准和表现。现实是有效的销售谈判代表的领域,加入现实是为你的团队在销售谈判桌上赢得胜利的第一步。

然而,意识是改变之母,这种练习可以帮助他们将销售生产力拉回正轨,并将时间、资源和注意力转移到最有可能达成交易的渠道机会上。

一切都始于合格的潜在客户

如果你不是在和合格的潜在客户打交道,你从这本书中学到的任何东西都毫无意义,所以我才要跟你说实话。

你可以是世界上已知的最紧密的联络人和谈判者,但是如果你要处理的事不在购买窗口中的潜在客户或不愿参与并做出微小承诺以推进你交易的利益相关者,你就没什么好谈判的。这个就是结论。

在销售中,一切都是从一个合格的客户开始的。时间就是金钱,和那些不会买你产品的人合作就是在浪费时间。花时间在一个低概率的潜在客户身上,会让你远离最重要的任务——投资你能完成的交易。

当你投资于条件不佳的交易时——尤其是时机不对的时候,有很多选择,或者你与错误的或没有参与的利益相关者合作——很容易默认打折,诱使这些失败者签约。在这个过程中,你放弃了杠杆、利润、佣金和你的自尊。

合格的销售过程从探索过程中收集信息开始。它在你最初与利益相关者的对话中继续,进入探索阶段,在整个销售过程中对于可能取消资格或降低你的交易的胜算的迹象保持敏锐的意识,直到你完成交易的那一刻。

不过,这里有个好消息。当你与合格的公司、利益相关者和交易合作时,你的影响力和权力地位会提高,因为你的时机是正确的,他们将更有动力,你的商业案例将与他们独特的情况和挑战相关。这让你以最高的价格、最优惠的条款和条件完成交易的可能性最大。

制定 IQP 档案

有效的资格确认始于确定你的理想合格前景（ideal qualified prospect，IQP）。这是一个组合，包括购买窗口、引人注目的购买动机、利益相关者等级、参与度、竞争对手防御、销售周期、行业垂直度、公司规模和匹配度，以及其他属性。IQP 能帮助你在正确的时间瞄准、培养和吸引正确的潜在客户。利用 IQP 资料建立有针对性的勘探清单和检测现有的渠道机会。

如果你在一家大型的成熟公司工作，那么很可能已经创建了 IQP 配置文件。根据客户规模、市场垂直、产品或服务的不同，此配置文件会有所不同。

如果你在一家小公司或者刚起步的公司工作，它们还没有建立 IQP 档案，那就从分析你的产品和服务提供的优势和劣势开始。在你最好的客户中寻找模式和共性，定义并绘制负责购买你所销售产品的利益相关者的共性角色。分析你即将完成的交易，以更深入地了解触发购买窗口打开的事件。

一旦你收集了足够的信息，建立一个最有可能与你做生意的潜在客户的形象，成为有利可图的、快乐的客户。当然，不是每一笔交易都能完美地满足你的 IQP 要求。现实世界不是这样的，大多数机会都是不完美的。资质是数据和销售直觉的结合。

在评估一笔交易的可行性时，你必须考虑事实证据，听从你的直觉。在这个过程中，你必须做出一系列决定来判断这个机会是否值得你继续关注，以及你是否可以提高自己的权力地位。

九帧图资格矩阵

我喜欢简单的视觉效果。我最喜欢的工具之一是被称为 9-BOX 的九帧图资格矩阵。这个工具提供了跨越 9 帧和 6 个独立维度的数据点的可视化表示。

我喜欢这个工具,因为它让我大开眼界。9-BOX 能让你很容易看到你在任何交易中的位置以及在销售过程中的任何节点。它有助于发现你知识上的差距、潜在的交易杀手,以及你在权力地位上的弱点。

我的一些客户甚至使用它作为记分卡,将价值放在框架和资格点上,构建每个机会的综合得分,这使得在数据驱动下对交易获胜概率做出判断变得更容易。

参见图 3-7,你注意到顶部有三列标记:

- 技术资格(technical qualifiers,TQ);
- 利益相关者资格(stakeholder qualifiers,SQ);
- 契合资格(fit qualifiers,FQ)。

	TQ	SQ	FQ
HPP			
MPP			
LPP			

图 3-7 九帧图资格矩阵

接下来，你将发现三行标记为：

- 高潜力前景（high-potential prospect，HPP）；
- 中潜力前景（medium-potential prospect，MPP）；
- 低潜力前景（low-potential prospect，LPP）。

注意：当我深入到销售过程中，我用"潜力"这个词代替概率，因为我在销售过程中的重点是提高我的权力地位，并使获胜概率对我有利。

技术资格

技术资格是可量化的事实和数字。这是在接触潜在客户之前最容易收集到的信息。例如，在 Sales Gravy，我们通过 Sales Gravy University 平台销售电子学习解决方案。

这项服务的目标客户是有 500 万～2.5 亿美元的收入、私有公司、团队中有 5～100 个销售资源。这些潜在客户最倾向于购买在 Sales Gravy 大学的自主在线学习和虚拟教师指导培训。当我们离开这个 IQP 的最佳位置时，我们获胜的可能性就会降低。

利益相关者资格

资格矩阵这一栏关注的是利益相关者和参与度。利益相关者资格帮助定义你要处理的人的角色和权限，以及他们的参与程度。

举个例子，如果我正在和一位忙碌的 CEO 进行一项复杂的交易，那就是 HPP-SQ。如果我正在盲目接受需求建议书（RFP），那么我是 LPP-SQ。

利益相关者资格直接与 BASIC 利益相关者划分阵列相关。然而，利益相关者划分超越了典型的识别决策者的关注点。它侧重于揭示影响交易结果的各种利益相关者的基本角色、动机和情感投入水平。

拟合资格

有时你不符合预期——他们的期望、需求、购买过程等；有时他们并不适合你——你独特的产品和服务、能力、文化、价值观、流程等。

拟合度很重要，因为拟合度越高，你就越容易消除或中和利益相关者的备选方案。

作为一名销售专家，你的工作是获得对双方都最适合的客户。这可以确保你的客户获得最大的价值，同时你的组织获得最大的利润。

许多销售人员追求的交易并不适合他们。这些不合适的合作关系的后果是，客户对你的业务提出了你无法满足的要求，最终会让你损失金钱，有时还会损害你的声誉。

在你与客户会面之前，可能会发现一些拟合资格。不过，在大多数情况下，你需要在销售过程的探索阶段花时间，以便更好地了解你的潜在客户当前和未来的需求和期望。

我最喜欢的分析拟合的方法是一个简单的拟合矩阵（见图3-8）。这个矩阵集中在两个方面：

- 拟合水平；
- 账户的盈利能力。

第 3 章 销售谈判策略:动机、杠杆和权力

不适合 高收益	非常适合 高收益
不适合 低收益	非常适合 低收益

图 3-8 拟合矩阵

拟合资格包括(但不限于):

- 价值定位;
- 过程校准;
- 期望和需求;
- 易于提供服务;
- 愿意就解决方案开发合作;
- 为你和你的公司带来专业知识的价值;
- 时机;
- 位置。

盈利能力通常相对简单,但可能会受到影响。例如,如果客户/利益相关者特别难维护,或者要求你的公司采用非标准的流程和工作流程来为他们服务,这可能会占用大量的利润——有时会导致怨恨。

要想远离那些难以打交道、利润微薄的客户,我们就需要自律。销售人员有一个不好的倾向,那就是容易在他们的销售流程中加入不适合的人。主要原因是这些潜在客户很容易进入渠道，因为没有其他人愿意与他们合作。

在适当的情况下，与数量有限的不合适但利润很高的客户合作是可以的。只有当你拥有强大的实力，使你能够谈判出非常优惠的价格、条款和条件时，才应该参与这些交易。

不过，最终，你应该积极地瞄准拟合好的象限内的潜在客户。这是实现利润最大化的关键，同时兑现你的承诺，为你的客户实现价值最大化。

利用九帧图资格矩阵

要使用 9-BOX 来开发 IQP 档案文件，在每一帧中填写可能满足该资格水平的潜在客户的一般属性。

例如，在 HPP-TQ 框架中，你可能包括：

- 年收入超过 20 亿美元；
- CIO 总部设在美国；
- 全球足迹；
- 年增长率超过 10%。

在 HPP-SQ 框架中，你可能包括：

- 直接访问 CIO；
- 直接访问安全与合规总监；
- 确定利益相关者地图。

在 HPP-FQ 框架中，你可能包括：

第 3 章 销售谈判策略：动机、杠杆和权力

- 在过去的 24 个月里，至少有一次严重的数据泄露；
- 项目团队就位；
- 预算和资金批准；
- 需要并重视我们的专业知识。

然而，9-BOX 并不是静态的。随着交易在销售过程中的推进，随着你收集信息、规划利益相关者、获得微承诺，情况会发生变化。有些信息，比如拟合资格，可能在你深入到销售过程的探索阶段时才会变得清晰。

有时机会开始变得更好，获胜的可能性也会提高。有时候 9-BOX 会告诉你真相——是时候止损了。

当你使用 9-BOX 时，重要的是要理解每一帧是独立于其他帧的（见图 3-9），一些交易可能是 HPP-TQ、MPP-SQ 或 LPP-FQ。

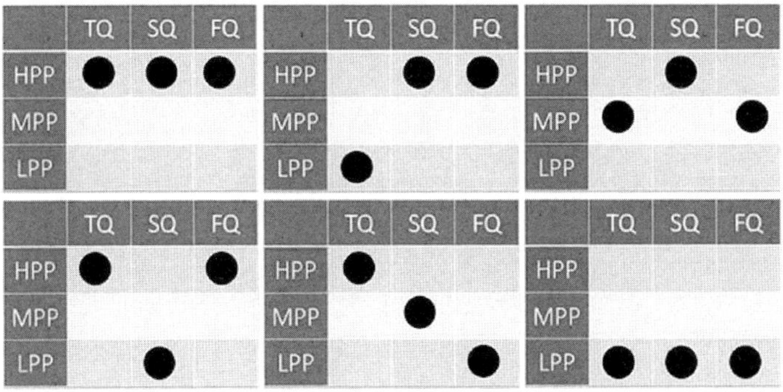

图 3-9 在 9-BOX 上绘制理想合格前景的实例

有时候，交易在 HPP 排列得很好，但这样的独角兽是很少见的。大多数交易都是不完美的，你的工作是决定你是否应该首先进行交易，还是确定是否有能力重塑游戏板并提高交易的可行性。

第 4 章

销售谈判中的情绪自律

销售谈判技巧模型™

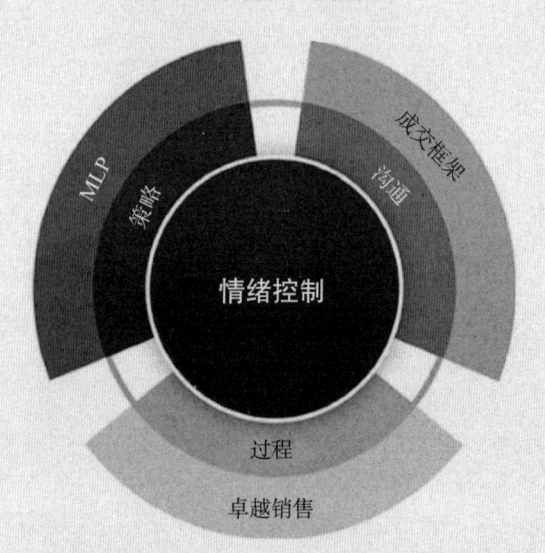

- 成交框架
- 沟通
- MLP
- 策略
- 情绪控制
- 过程
- 卓越销售

第 4 章　销售谈判中的情绪自律

七种破坏性情绪

假设两个没有感情的机器人正在谈判一项协议，他们将如何进行？

这两台计算机将收集和处理所有现成的数据，然后，在所有可能的结果中，他们会计算出对双方来说最符合逻辑、最合理、最公平的结果。

这就是机器人谈判的方式，也是人类认为的它们谈判的方式——靠逻辑和理性。不相信我吗？问问它们。

但这并不是人类谈判的方式。机器人靠逻辑和理性引领，因为这是它们工作的全部。人类是由情感主导的，因为这就是我们的工作方式。这是简单的神经科学，也是为什么人类如此容易预测的原因。我们先感受，然后思考。

人的情感对谈判中的每一方都有着深远的影响，甚至对那些有时表现得像机器人一样的采购人员也是如此。它为销售谈判增加了无穷多的变量，这就是为什么很少有人谈判的结果是真正符合逻辑、合理和公平的。

对于你这样专业的销售人员来说，谈判可以把你推向情绪极端的边缘。你的破坏性情绪是你在销售谈判中的致命弱点。情绪如不受管理，就会背叛你，让你变得软弱，让你失去自控力，让你在与那些经过专业训练的销售人员谈判时能控制自己情绪的买家面前处于不利地位。

破坏性情绪会产生破坏性行为，模糊焦点、模糊情景感知，导致非理性决策、误判，并削弱信心。

残酷的事实是，在每一次谈判中，施加最大情绪控制的人实现他们想要的结果的可能性最高。要成为一名谈判大师，你必须首先学会控制并超越那些阻碍你的破坏性情绪。以下介绍七种阻碍你的谈判能力的破坏性情绪。

- **恐惧**是大多数销售人员失败的根本原因。恐惧会使你犹豫不决，找借口，而不是自信果断地要求你想要的东西。恐惧会抑制你挖掘潜在的客户、接触C级客户、提出反对意见、进行下一步、提出销售请求，以及有效的谈判。它阻碍了你的客观判断，滋生了软弱和不安全感。
- **绝望**会使你变得有需求和软弱、不合逻辑，并做出糟糕的决定。绝望会让你立刻变得让人厌恶，没有吸引力。因此，它创造了一个恶性循环，会产生更多的拒绝。绝望是不安全感之母。
- **不安全感**淹没了自信和坚定。它会让你感到孤独——就好像是你而且只有你自己的背上有一个大牌子写着"拒绝我"。不安全感会让你觉得被拒绝好像潜伏在每个角落，所以你会变得连自己的影子都害怕。
- **对意义的需要**是人类的核心欲望和弱点。每个人都有一种永不满足的需求，让自己觉得自己很重要——知道自己很重要，有归属感。感觉到重要是人类行为的独特性。我们所做的一切——好与

第 4 章 销售谈判中的情绪自律

坏——都是围绕着这种永不满足的需求。人类有一种迫切的需要被接受，并成为"内部群体"的一部分。这就解释了为什么谈判是一种如此强大的情绪不稳定因素。

谈判是冲突的一种形式，双方都专注于为自己的团队赢得胜利。在那一刻，你必须从被接受的需求中抽身出来。当这种需求失去控制，它会成为我们最具破坏性的情绪之——非理性行为。对意义的永不满足的需求是依恋和渴望的根源。

- **自恋**让你在情感上变得专注于赢，得到你想要的。在别人面前看起来还不错，希望每个人都同意你，这样你就失去了第三视角和客观性。自恋是自知的敌人，也是妄想的根源。它在销售谈判桌上制造了盲点，使你错过了大局，无法妥协和协商结果。
- **渴望**使你变得专注于取悦他人，让你放弃了你的销售谈判目标。你错误地认为"双赢"谈判意味着买方必须是快乐的。渴望使你过早地屈服和放弃。这也是在销售谈判桌上获得优势的最短路径。
- **担心**是你的大脑为了保证你的安全和生存而保持警惕的负面影响。你的大脑会自然地关注消极的事情——可能会出错的事情，而不是可能会成功的事情。这可能会触发一连串的破坏性情绪，仅仅是基于你对某些事情可能出错的感知。

这些破坏性情绪单独或混杂在一起都会削弱你在销售谈判中的地位。不能调节破坏性情绪的销售人员会被情绪的波浪所淹没，就像一艘在狂风暴雨中被抛向大海的没有舵的船——从一个浪头被推到另一个浪头。

控制情绪是掌握销售谈判的真正秘诀。然而，如果你告诉自己应该打个响指，把自己从情绪中解脱出来，这是完全不明智的，也是行不通的。除非你是一个没有情绪的反社会者，否则你需要在销售谈判桌上运用可持续的技巧来控制你的破坏性情绪。

在谈判中控制情绪是一种可以习得的行为。即使是和那些在向你不断让步时看起来感情淡漠的买家，在谈判时也会感到某种程度的不舒服。他们只是学会了通过意识、技巧和练习控制自己的情绪。

掌握情绪自控的能力

情绪控制是销售谈判的主要技能。情境感知和持续调节破坏性情绪的能力相结合是掌握谈判的核心。因为当你学会如何管理你的破坏性情绪时，你就获得了影响谈判桌上其他人情绪的力量。

但是，我们也不要大惊小怪，觉得目前要控制破坏性情绪有多困难。作为人类，失控的情绪浪潮让我们所有人都无可奈何。回顾过去，我们都曾说过或做过一些事后后悔的话或事，我们也都曾在谈判桌上遇到棘手的问题，然后结结巴巴地说不出话来，在"战斗或逃跑"的反应中寻找合适的词语。

我们都有过这样的经历，因为我们都是人。用不带感情色彩的陈词滥调来谈论管理破坏性情绪很容易，但是和在激烈的时刻压制你的情绪完全是两码事。智力、理性思维和过程都会淹没在破坏性情绪和人类潜意识本能的海洋中。

你只能控制三件事

当你选择了销售这一职业，你就不得不去谈判，没有别的办法。

因为我们在竞争激烈的市场中工作，销售具有许多变量和定价模型的复杂解决方案，通常还具有法律约束力的合同，所以谈判是一种常规动作，而不是例外。因此，你可以选择要么放弃你的佣金和自尊心，要么学会控制你的情绪反应，获得自信，并开始获胜。

为了达成交易，你可以放弃那些费力不讨好的事，从而在短期内避免谈判带来的情绪不适。但这会对你的职业生涯、收入和自尊造成长期的深刻影响。

对于销售人员来说，克服在谈判桌上破坏信心的情绪是最艰巨的挑战之一。在与高管的谈判中感到害怕，在与难对付的买家打交道时失去信心，或者在感觉交易可能从你手中溜走时出于绝望而做出高代价的让步，这些都是很常见的。

这些都是很自然的感觉。当你遇到精明的买家时，他们有很多选择，并且让你无法立足。在这种情况下，你必须把注意力放在你能控制的事情上，而不是你不能控制的事情。

在销售谈判桌上，你只需控制三件事：

- 你的行动；
- 你的反应；
- 你的思维方式。

就是这样，仅此而已。在销售过程中，你可以选择情绪控制，有策略地努力提高你的权力地位，提前对销售谈判做计划。你可以选择你的态度和自我对话，选择意识而不是妄想。在情绪紧张的情况下，你可以完全控制自己的反应。

自我意识

我们许多行为的起源——好与坏、破坏性和有效的行为——都始于我们意识的范围之外。我们行动,但不知道为什么行动,除非我们选择去了解和意识到。为了在销售谈判桌上获胜,你必须对自己的情绪以及它们会如何影响他人保持关注。

控制情绪始于开始意识到情绪正在发生。让你的理性思维去掌控局面,理解情绪,超越情绪,并有意识地选择自己的行为和反应。

意识是一种有意识的、深思熟虑的选择,用来监控、评估和调节你的情绪,使你对周围人和环境的情绪反应与你的意图和目标一致。

有意识的意识是关键。情绪的发生无需你的同意,因此,你不能选择你的情绪,只能选择你的反应。

体验情感和深陷其中是有很大区别的。意识能让你理性地控制你的情绪,并选择适当的行动。

而自我意识打开了自我控制的大门,当你被销售谈判的冲突所引发的情绪风暴打击时,你只需控制情绪。

一旦你意识到情绪正在发作,自我控制能使你管理好你的外在行为,尽管可能在内心爆发着火山般的情绪,但是你在谈判时展现出的一副放松、自信的扑克脸的方式,就像水面上的鸭子,虽然在水下疯狂地划水,但在外面看起来仍然平静。

障碍免疫力

自我意识和自我控制就像肌肉一样,你锻炼得越多,它们就变得越强壮。锻炼它们最好的方法是面对逆境、挑战和情感障碍。换句话说,就是练习。

第二次世界大战期间,在英国拥有一家商船公司的劳伦斯·霍尔特(Lawrence Holt)观察到的一件事引发了一场运动。他的船被德国U形潜艇瞄准并用鱼雷击中。奇怪的是,这次袭击的幸存者是年龄较大的水手,而不是身体更健壮的年轻人。

这一现象促使霍尔特求助于教育家库尔特·哈恩(Kurt Hahn),哈恩在战前曾因批评希特勒而被纳粹关押。霍尔特请哈恩帮助他解答为什么他的船员中更年轻、更强壮、身体更健康的成员在袭击后的死亡率高得惊人。

霍尔特和哈恩最终得出的结论是,两组人之间的差异主要体现在情感上的适应力、自力更生和内在力量。尽管年轻的水手们拥有超强的体力和敏捷性,但年长的更有经验的水手在精神上的韧性,使他们能够忍受艰难的障碍,帮助他们自己生存下来。

霍尔特有句名言:"我宁愿把在大西洋中部放下救生艇的任务交给一位受过风帆训练的80多岁老人,也不愿把它交给一位受过现代训练、但从未被海水喷过的年轻航海技师。"

这些发现促使哈恩创立了拓展组织。从那以后,该组织一直在帮助人们通过将他们沉浸在恶劣的环境中来培养他们的智力、信心、坚韧、毅力、韧性和障碍免疫力。

乔·德·塞纳(Joe De Sena)的斯巴达式比赛和军事训练都是为了同样的目的而设计的——建立障碍免疫力。在这个过程中,人们面临着充满挑战和痛苦的意志考验。通过逆境和苦难,参与者可以学习如何改变他们的精神状态,并获得对破坏性情绪的控制能力。

当你把自己放在一个可以感知到障碍以及随之而来的情绪的位置上，你就建立了你的"情绪自律肌肉"。但对于生活在西方社会的许多人来说，由于很少谈判，我们还没有发展出谈判特有的障碍免疫力。

一个简单的补救方法就是去跳蚤市场、旧货市场和古董店练习一下，这些低风险的谈判是调整自我意识和练习自我控制的完美场所。

一旦你有意识地开始面对你的恐惧和情绪上不舒服的情况，你就学会了如何突破和中和在障碍面前出现的焦虑，你会开始改变你内心的独白和外在的身体反应，以超越这种情绪。

很快，谈判就成了例行公事。换句话说，你谈判的次数越多，你的情绪自控力就会越强，也会变得越容易。激烈的销售谈判将不再使你烦恼。

障碍免疫意味着无论何时出现逆境，你都具有精神韧性和注意力控制能力，以达到最佳表现，同时保持积极的心态。

培养谈判障碍免疫力有四个步骤：

1. 做好准备，在逆境和痛苦的考验中获得韧性；
2. 故意让自己处于不舒服的环境中；
3. 主动提出你想要的东西来积极地解决谈判的冲突；
4. 推动欲望回到过去舒适和妄想的状态。

另一方面，你会获得一种掌控感和自信，这将会让你在销售谈判桌上更有自尊、更有效率。

放轻松，坚定自信

在销售谈判桌上，没有什么比放松、自信更能提高你的影响力。当你在整个销售过程中将轻松、自信与合理的策略和卓越的表现结合在一起时，胜算就会明显地偏向你。

关于人类行为的一个事实是，人们倾向于以牙还牙。换句话说，情绪是会传染的。人类不需要多少有意识的努力就能察觉到他人的情绪。

因为我们工作和生活在群体中，我们会下意识地扫描周围的人，以寻找他们情绪状态的线索——面部表情、肢体语言、语调和声调的变化，以及他们使用的词语。然后我们解读这些线索，并根据我们的感知改变我们对待他人的方式。

这被称为情绪传染，它使人类很容易就能觉察到他人的感受，并将情绪传递给他人。如何利用情绪传染是一种强大的综合技能，它可以影响人们在销售过程和谈判桌上的行为。如果使用得当，它可以是一种强大的杠杆形式。

当你以轻松、自信的态度进行销售谈判时，利益相关者也会以同样的态度回应你。他们靠近你，积极回应，尊重你的立场。你可以控制过程、议程和节奏。放松、自信让你有能力改变利益相关者的行为，让他们更愿意：

- 透明化；
- 接受你的商业案例；
- 相信你对价格立场或条款条件的解释；
- 遵从你的要求；
- 做出让步。

深深的脆弱感

当你以轻松、自信的姿态接近销售谈判桌,并在谈判中保持这种自信时,这就意味着把一切都摆出来,冒着情绪上的风险,没有保证,没有掩护,没有藏身之处。你的方法可能会被拒绝,利益相关者可能会嘲笑你的商业案例,拒绝你的解释,驳回你的立场辩护,并拒绝真诚的谈判。

这种潜在的冲突和拒绝会引发一种深深的脆弱感,使你转变成一种更被动的防御姿态。这种脆弱的感觉会产生一系列破坏性的情绪,阻碍你在销售谈判中发挥有效和强大的能力。

去年秋天,我和妻子在北卡罗来纳州的一家商店里为我们的山间小屋购买家具。不过,这家商店并不是一家普通的家具店,里面所有的家具都是当地工匠手工制作的。每一件家具都是独一无二的,而且价格都可以商量。我知道这一点是因为我们仅通过询问就获得了几件商品的八折优惠。

其实很容易,售货员毫不犹豫就给了我们折扣。然而有趣的是,我们在店里待的时间越长,我们就越不愿意要求更多的折扣,实际上我们买的最后三样东西都是全价买的,根本没有讨价还价。

当我们驱车离开时,我一直在自责,我损失了一些钱,为什么我没有继续要求更多的让步?说实话,这让我感觉很难受。

我改变了自己的行为,因为我想融入其中,不适应环境让我觉得自己很脆弱。我不想逼得太紧,也不想走得太远。我想让那个销售代表跟我一样,但这完全是不理智的,因为售货员很乐意给折扣,而我甚至都没有努力谈判。

在西方社会，谈判对许多人来说是不舒服的；而在其他一些文化中，讨价还价是买东西的日常。但在大多数情况下，我们不去讨价还价，是因为几乎我们买的每样东西都有标价，我们也从不质疑。当然也有一些例外，比如买车。但就连汽车行业也在转向不讨价还价的模式，因为谈判过程让买家感到非常不舒服。

事实上，谈判让大多数人感到不舒服和有脆弱感，这也是我们宁愿选择避免谈判的原因。当你处于谈判的激烈阶段，当你要求你想要的东西时，你的身体和思想中的一切都在尖叫着让你停止。你犹豫是因为你不想太强势，不敢过分自信，或者不想让别人看不起你。

然而，当你散发出这种不安感时，它也会被买家捕捉到。在你努力变得更讨人喜欢的过程中，你可能会给人一种软弱和没有安全感的印象，导致买家排挤你，试图获得更多让步。

情绪传染：人们会以同样的方式回应

我这辈子大部分时间都和马在一起。马天生具有感知迟疑、不安全感和恐惧的能力。马会在新骑手感到害怕或缺乏自信的时候测试他们，并利用他们。

马的体重和体型与普通人相比有 10∶1 的优势，如果马不相信你是主人，它会毫不犹豫地把你甩下去。

利益相关者也不例外，你的情绪会影响他们的情绪。如果他们感到恐惧、软弱、不安全感或缺乏信心，他们就会利用这一点。

因此，当马或人挑战你时，不管你有什么情绪，你都必须用一种非互补的行为来回应——一种作为制衡和破坏他们模式的行为。

当你对自己缺乏信心时,利益相关者也会对你缺乏信心。这就是为什么即使你感觉到不自信,你也必须培养和练习技巧来建立和展示放松的自信和有意识的自信。你必须假装,因为你在发抖,你必须表现出放松、镇定、自信和控制力。你在谈判时必须摆出一副"扑克脸"。

这得从管理你的非言语沟通开始,以控制利益相关者下意识地看到、听到和注意到的东西,包括你的语气、语调、音调和速度,以及身体语言和面部表情。表4-1对比了不自信的销售人员与放松、自信、果断的销售人员的非言语沟通。

使用主观和假设的词语、短语和语气,会使你在销售谈判桌上更加有力和自信。

表 4–1　　　　　　　　　　　　　非言语沟通

缺乏自信、不安和恐惧的表现	放松、自信的表现
用高音说话	用正常的音调和较低的音调说话
语速过快,说得快的人似乎不值得信任	轻松的语速,适当的停顿
紧张的或防御性的语气	友好的语气——声音和脸上都带着微笑
说话声音过大或过轻	恰当的语调、适当的情感,强调正确的单词和短语
语气脆弱或紧张,加上太多的填充词(如"嗯""呃")和尴尬的停顿	直接的,有意的,恰当的节奏和讲话,直奔主题
缺少眼神交流——看向别处	直接、适当的眼神交流
没有什么比目光接触差更能说明"我不可信"和"我不自信"	

续前表

缺乏自信、不安和恐惧的表现	放松、自信的表现
手放在口袋里	手放在你的身体两侧或身前。这样做可能会让你感觉不舒服,但是会让你看起来强大自信
慌张的手势或手部动作	用冷静和可控的方式使用手势
摸脸或头发,或把手指放在嘴里——这些明显的信号表明你紧张或没有安全感	手放在一个强有力的位置——在你身边或在你面前,以一种可控的、不具威胁性的方式
弓着腰,低着头,双臂交叉	挺直的姿势,下巴向上,肩膀和背部挺直。这种姿势也会让你感觉更自信
双脚前后移动,或者摇晃身体	以自然的姿势站着不动
用虚弱、无力、出汗的手掌握手	坚定、自信地握手,同时进行直接的眼神交流

改变你的身体姿势

几乎整个学术界对人类行为的研究都一次又一次地证明,我们可以通过调整我们的身体姿势来改变我们的感觉和别人对我们情绪状态的看法。换句话说,你的内在情绪和对这些情绪的感知是由你的外在行为表达塑造的。

当你感到不安全或脆弱的时候,你会垂下双肩、放低下巴、盯着地板看——这是不安全和情感脆弱的身体信号。这种姿势的变化会让你在别人面前显得不那么自信。

哈佛大学的埃米·卡迪(Amy Cuddy)的研究表明,有力的姿势,也就是以自信的姿势站立,即使你并不自信,也会影响大脑中的睾酮和皮质醇水平，从而影响自信。

身体姿势的改变不仅会引发情绪上的变化，还会引发神经生理反应，皮质醇和睾酮在建立自信心方面起着重要作用。

妈妈、老师和教练都知道这个基本真理，他们多年来一直给我们这样的建议。别灰心，挺起你的肩膀，坐直，你会感觉更好，看起来也更好。

准备与练习

销售谈判这种紧张的情况会产生让你失控的破坏性情绪。在这种情况下，你会发现自己很难不露声色地保持放松、坚定自信的表情。你的紧张会产生不安感，会让你表现得好像不自信。买方可以解读你的状态，就像读书一样，从而利用其解读的内容。

在销售谈判开始之前提前做好准备是保持情绪稳定的关键。拙劣的销售谈判者即兴发挥，临时应付。他们在谈判过程中随意流露情绪，谈判结果也是听天由命。

高效的谈判者会提前构建销售谈判方案，规划谈判内容。对于交易性谈判和简单的谈判，他们会在谈判前排练好方案；对于复杂的谈判和企业间的谈判，他们会启用"销售谈判策划"（见第5章），用模拟谈判训练来讨论本次谈判并构建销售谈判策略。下节内容中有该谈判模式的完整内容。

在销售谈判之前，你可以提前规划一下内容：

- 制定议程；

- 确定最佳结果和最坏结果；
- 制定最后让步立场；
- 清楚让步的后果；
- 制定目标，确定限制条件；
- 准备适应利益相关者的沟通方式；
- 查看利益相关者名单，站在他们的立场上，考虑他们的观点；
- 预测并练习多种谈判场景。

练习、经历不同的谈判场景是控制情绪的关键一步。与你的经理或团队成员一起模拟谈判场景，完成谈判。模拟所有最坏的情况，这样你就能为任何可能发生的事情做好准备。练习是一种在特定情况下建立障碍免疫的快速且简单的方法。

在我的团队中，我们会在总结会议或有计划的谈判对话开始之前，一起练习并讨论我们的破坏性情绪可能在哪儿出现以及如何影响我们。我们会事先商定谁说什么、谁回答哪些问题，以及让步的底线。每当破坏性情绪致使我们行为失控，我们就会发出信号，相互提醒。

准备谈判可以使心灵平静，建立信心。你会发现当你花时间练习时，进行真正的谈判会容易得多。你的大脑会准备好应对破坏性情绪，从而为你的团队赢得胜利。

知晓你的情绪触发因素

在销售谈判过程中，一些情况、话语、不同的人和环境都会引发破坏性情绪。

某些情绪触发因素会突然发生，如交通中断或遇到粗鲁的人，如你累了、饿了或者被其他问题压得喘不过气来的时候。进入销售谈判后所有后果都是自己造成的。

在某些情况下，破坏性情绪是由某些人的交流方式引发的。在谈判策略和战术方面受过训练的买方会尽力触发你的沮丧、愤怒、急切和不安全感。他们知道如何不掺杂个人感情，挫败你在情感上与他们建立联系所做的努力。他们知道这样的行为会让你急于通过让步来赢得他们的认可。

当你意识到特定的情绪触发因素会让你失控，以及它们是如何发生的，这些因素就更容易避免、为其做计划、预测并适当地应对。这会让你更强大，并且具有更强的适应力。

你在计划和练习的时候，把自己放在此类紧张的情境中。学会预测触发因素，并在触发因素出现之前和之时意识到你的生理和情绪反应。有了这种意识，你将能掌握有意识地不受情绪影响、保持沉着、选择回应和实现目标的能力。

积极的想象力和自我对话

克服扰乱信心的坏情绪是销售人员所面临的最大挑战。与高层管理会面时，你通常会感到害怕；与受过专业采购培训的人打交道时，你会缺乏信心；在季度末可能达不到预期目标时，你会感到不安和绝望。我们在销售谈判中最大的失败往往是由自己造成的。

人类大脑天生就能预测并考虑最坏的情况。面对一项不愉快的任务时，人的天性会使我们在头脑中预想消极结果。然而，如果没有理性干预，这些头脑中的想法就会导致预言自我实现。

例如，拉胡尔预期在合同谈判中会受到买方的严厉斥责：他担心自己定价太高，不能给买方足够的让步。他看到买方很生气，竞争对手赢得了此次交易，他没能达到预期目标让老板很失望。这种消极的想象使他焦虑不安。他在这种状态下参加销售谈判，甚至在买方没说话之前就给出了他权限内的全部让步。然后，在最后的不安感中，他脱口而出："也许我能让老板再降一点价格。"如果拉胡尔轻松自信地开始谈判，仅凭他的举止就能产生更积极的结果。这就是计划和练习谈判场景对增强信心和方法如此重要的原因。你的头脑中有一个喋喋不休的声音塑造着你的情绪和外在行为。自我对话会建立自信，或将其摧毁。与突然被激活的情绪不同，自我对话完全在你的控制之下。你可以选择积极思考或消极思考、建立自信或摧毁自己、看到半满的杯子或半空的杯子、意识到自己的情绪或产生错觉。

开始总结会议或谈判对话之前，静静地坐着，倾听你头脑中的对话——你正在使用的话语、你正在问的问题。然后改变这些词语来塑造一个自信的谈判者形象——一个更接近你目标的形象，并且符合你理想表现的行为和感觉。做出主动性的决定，持续关注你内心的声音。如果内心的声音变得消极，那就停下来，改变对话。

这就是为什么精英运动员和优秀的销售人员使用视觉化的想象来预编程大脑潜意识并改变其自我对话。当你想象成功时，你就教会了你的大脑以一种与实现成功一致的方式行动。

从关注你的呼吸开始，慢慢地，然后在你的脑海中一步一步地完成谈判的每一部分——每一个潜在场景。关注自信的感觉，想象一下你会说什么、问什么。想象自己成功了，一遍又一遍地重复这个过程，直到你训练好你的大脑去控制那些让你失控的破坏性情绪。

周旋技巧

驱动你的神经生理和情绪反应的生物学很强大。在你主动、有意地将自己置于弱势地位时，你会感到恐惧，你会脉搏加快、呼吸变粗、焦虑增加。

引发大量破坏性情绪的本能反应开始发挥作用。对脆弱感的神经生理反应很难让人保持自信沉着。

控制你的注意力是一件很难的事情。研究证明，当你处于弱势时，你的智商也会下降，而当你需要 100% 的智慧才能在谈判中为你的团队赢得胜利时，这就是一个大问题。在情绪化的销售谈判氛围中，不受控制的情绪会成为你最强大的敌人。当你沉浸在破坏性的情绪中时，你的工作就没有效率。

战斗或逃跑反应的诅咒

人类大脑是地球上最复杂的生物结构，其能力是无法估量的。然而，尽管大脑具有几乎无限的复杂性，但它总是专注于一个非常简单的责任：保护你不受威胁，让你活下去。

哈佛大学教授兼心理学家沃尔特·坎农（Walter Cannon）博士首次创造了"战斗或逃跑反应"这个术语来描述大脑如何应对威胁。有时候，这种反应可以挽救生命；但有时候，比如你在谈判中与强硬的买方打交道时，这种反应会释放出一股破坏性情绪。

战斗或逃跑是你的自主本能反应，当受到威胁时，它会引导你坚持战斗或逃跑。在某些情况下，当你的情绪完全失控时，你甚至可能会僵住，就像在车头灯前停下的鹿。这在谈判中是非常糟糕的，此时正是精明的利益相关者全力以赴的时刻。

你的大脑和身体会对两类威胁产生反应：

- **身体上**：对你的人身安全或你身边人的安全的威胁；
- **社交上**：对你社会地位的威胁。被排挤出群体，在别人面前看起来不好，不被接纳、被贬低、被排斥、被拒绝。

战斗或逃跑反应有潜在危险，因为它是一种绕过理性思维的神经生理学反应。它始于杏仁核——大脑的情感中枢。

杏仁核（位于大脑边缘系统或情绪中枢）可以解释感觉输入的威胁，并提醒小脑（自主大脑）这种威胁。小脑触发神经化学物质和激素释放到血液中，为战斗或逃跑做准备。

为了让身体做好自我保护的准备，富含氧气和葡萄糖的血液会涌入肌肉。然而，因为血液供应量只有这么多，所以它会从身体的非致命性器官进入肌肉。其中之一就是大脑的新皮质，即人类的理性逻辑中枢。事实证明，从进化的角度来看，思考可选项在应对威胁时并不是什么优势，你需要迅速行动才能活下去。

血液从你的新皮质流出时，你的认知能力会退化为一只醉猴。在战斗或逃跑反应下，你无法思考，你词穷语尽，你感觉到失去了控制。你会心烦意乱、手心出汗、胃部收紧、肌肉紧张、心率加快、皮肤潮红、瞳孔放大。你会失去外围视觉，血管收缩，还可能会开始发抖。

如果你的反应是战斗，那么你可能会变得具有防御性、生气、恼怒，口头攻击利益相关者。你可能会打断别人提出的观点，而这种争论的结果是不可能通过解决对立观点达成一致的。

如果你的反应是逃跑，那么当要求承诺时，你会变得被动、不坚定，像廉价的草坪椅子一样可以折叠退出，然后放弃一切。

在"战斗或逃跑"状态下，没有理性的干预，你会被破坏性情绪吞噬，失去控制，这也是销售人员在谈判时搞砸的最常见原因。

我们每个人都必须面对的挑战是：无法控制"战斗或逃跑"反应及其令人不安的身体表现。这并不意味着你不能控制自己的情绪，只是神经生理学上的"战斗或逃跑"反应突然出现。

神奇的四分之一秒

在销售谈判桌上，利益相关者会将你推向情绪极端，挑战你的立场，贬低你的方案价值，用尖锐的问题攻击你，让你觉得自己无足轻重。他们会在不合逻辑的立场玩弄权术，说一些让你情绪激动的话。他们接受过这样的训练，因为在这种情况下，你更有可能做出让步。

在关键时刻控制破坏性情绪的秘诀就是给你的理性大脑一个机会，主动控制，这样你就能不受这些破坏性情绪的影响，恢复镇静，并选择你的反应。

塔拉·班尼特－戈尔曼（Tara Bennett-Goleman）在她的书《情感炼金术》（*Emotional Alchemy*）中，称之为"神奇的四分之一秒"：它能让你感受你所觉察到的破坏性情绪，将其变为你所能主动表达的情绪反应。在快速移动、情绪激动的情况下，创造这神奇的四分之一秒最有效的技巧是周旋技巧。

周旋可以是一句陈述、确认、同意或一个提问，也可能是一种非补充性的回应（放松、自信），破坏利益相关者的谈判模式和他们对你将如何回应其策略的期望。比如：

第4章 销售谈判中的情绪自律

- "这很有意思啊,可以谈谈它为什么对你如此重要吗?"
- "怎么会这样?"
- "你能解释一下吗?"
- "有意思,你能告诉我你的顾虑吗?"
- "为了确保我理解你的问题,可以再详细说明一下吗?"
- "听起来你以前经历过这个?"
- "还有什么让你担心的吗?"
- "这正是我们将_____加入方案的原因。"
- "我就知道你会这么说。"
- "我想到你可能会这么讲。"
- "_____之前很多人都会问相同的问题。"
- "我知道你为什么会这么想。"
- "说得有道理。"

周旋是一种简单而强大的技巧,它可以控制你当时的破坏性情绪。当你被一个难题、转移注意力的话题或者利益相关者的直接挑战打击到,且感觉到你的破坏性情绪出现时,用周旋技巧停止这个过程,将会免受破坏性情绪的影响。

周旋之所以起作用,是因为它是一种记忆的自主反应,不需要你去思考。这一点很重要,因为一旦我们的老朋友"战斗或逃跑"反应占据了上风,你的认知能力就会下降。

不要结结巴巴地回答无意义的问题,不要表现得具有防御性、软弱、不可理喻,也不要用一个观点来破坏关系,你只需在你事先准备好的问题或陈述中使用周旋技巧。这会给你几毫秒的时间来搁置你的情绪以及随之而来的神经生理反应,让你恢复平衡,选择你的反应,并获得对谈话的控制。

意志力和情感原则是有限的

调节和管理破坏性情绪是一个困难且漫长的过程。一旦你放松警惕,你的情绪就会被别人控制——尤其是当你感觉疲惫、饥饿或压力过大时。

想象一下,你正在健身房举重,两只手拿着哑铃做弯举。刚开始做这组锻炼时,你会感觉相对容易一些,你感觉很好。然而,当你举到第12次时就有点困难了。

每次举重的重量都是一样的,但是把哑铃举到弯度的顶端会变得越来越困难。这时你举起重物时会咕哝,你开始发动你全身的力量来推动它。举15次后,你就放弃了,你的胳膊再也举不起来哑铃了。

这就叫肌肉疲劳。不管你是在举重、在院子里工作、搬家具、跑步、骑自行车、徒步旅行还是爬山,你在这些活动中持续保持最佳表现的能力都是有限的。

控制情绪也是同样的道理,优秀的谈判者都知道这一点。他们知道,谈判开始时你的决心是最大的,随着谈判的推进,你的决心会开始消散、减弱。对手中的优秀谈判者会把事情单独拿出来讲,在乏味的细节上浪费时间,或者达成一致后又改变主意,只是为了削弱你的情感原则。

疲惫、饥饿或情绪低落时避免谈判

近期,我们用时60天就一份大型咨询合同条款进行谈判。谈判早期,双方都同意了咨询费用,但我们仍需要就知识产权的使用制定具体的合同条款。

我们的上级主管和主要决策者无权协商条款和条件,因此我们只能与公司的采购和法律部门合作。我们为满足当事人而使用的法律用语已经不能用冗长乏味来描述了。

60天后,主要利益相关者对谈判的速度感到非常失望。她给我们施压,要我们尽力满足苛刻的采购要求。

一方面,我们努力让客户保持耐心,不要放弃整个项目;另一方面,我们要应对一个极具挑战性的采购部门,该部门想剥夺我们所有的法律保护。

最后,我们与对方的一位律师取得了突破性进展,并就双方都能同意的条款进行了谈判。终于可以开始谈判了,每个人都很兴奋。

采购部门承诺在第二天发送一份新的修订版工作说明书和服务协议。但是,他们没有这么做,反而又拖了一周。此时,我和我的团队非常恼火。我们只希望能结束谈判。

当我们终于收到更新的协议时,我们发现采购部减少了我方的项目经费。这很卑鄙,目的是利用我们的情感原则疲惫感。我们一直坚持使用保护我方知识产权的语言。几个月时间反复交手终于达成协议时,我们松懈了,放松了警惕,开始为咨询项目做准备。

我们厌倦了谈判,厌倦了冲突,准备开始咨询项目。坦率地讲,我们当时已经筋疲力尽,准备签署协议了,我们差点儿就忽略了采购部所做的内容更改。幸运的是,我方首席财务官拿出了她的计算器。

我们团队的三名成员,包括在这笔交易中获得20%佣金的客户经理,都认为我们应该对价格变化做出让步,干脆就签署合同吧。他们的理由是"反正也没多少钱"。

签署协议本来是一个简单的解决方法。严峻的考验会过去，客户会高兴，我们团队也可以开始工作。但是这一价格更改将为今后与客户的所有协议谈判开启先例，这会削弱我们的定价诚信，并教会他们的采购团队如何在谈判中利用这一点。

因此，尽管我们已经筋疲力尽，还是坚持让他们将之前达成一致的价格重新纳入协议。采购部迫使我们做出让步，但在这一点上，我们有理有据，和我们一样失望的利益相关者也介入了，并与我们立场一致。最终交易达成了，是我们用尽了所有情感原则、适应力和决心才完成的。

谈判时调节和管理破坏性情绪是一件极度消耗体力的事情。筋疲力尽、疲惫不堪或饥肠辘辘时，你就是一个非常低效的谈判者。当你意识到自己处于这种状态时，就要停下来休息一下，留待第二天再做决定。当你到达一个临界点时，让另一个人（就像我们的首席财务官一样）客观地看待此时的情况，以防你做出糟糕的决定。

客户资源即生命：情感原则背后的秘密

可悲的是，大多数销售人员都在豪华或枯燥的游乐园里荒废时间，坐在绝望的过山车上。寻找潜在客户、品牌意识和受众倾向已不是优先事项，最多只是随机开发或偶尔宣传一下。这些销售人员只有在客户资源空空如也的情况下才会努力去寻找潜在客户。

销售人员没有客户资源时，他们就会抵近"普遍需求定律"，即：你越需要这笔交易，你在谈判中就越会为了得到它而做出让步和牺牲；你越需要这笔交易，你就越不可能成功交易。

你绝望时,你为团队赢得胜利的概率会直线下降。精明的买方已受训成为利用那些贫穷、绝望和可悲的销售人员的谈判者。

疯狂开发潜在客户

情感原则最简单的解决方式是有机遇充足的客户资源。当你不需要达成任何特定交易时,就更容易在情感上达到超脱的状态,谈判也会变得更容易,就好像你不需要那笔交易一样。正如谚语所言:"天涯何处无芳草。"在客户资源众多的情况下,你会做出更好的决定,并散发出轻松自信的气息。

疯狂开发潜在客户的人会随身携带很多名片。他们通过电话、面对面、社交媒体、电子邮件和任何他们认为可以与潜在客户接触的地方与陌生人交谈。他们开始行动,承担责任,拥有自己的客户资源。他们开创自己的资源,并通过努力工作、决心和毅力来创造自己的运气。

疯狂开发潜在客户的人从早上起床就开始打电话了。白天,他们会上门拜访;会议间隙,他们会通过电子邮件和短信联系潜在客户;晚上,他们在社交媒体上与潜在客户联系、互动;晚上睡觉前,他们还会拨出很多电话;当他们累了、饿了,受够了被拒绝,他们还会再打一个电话。

销售谈判大师敏锐地意识到资源贫乏的危险。一个残酷但不可否认的事实是,在销售谈判桌上的强势地位取决于持续不断的潜在客户。

充足的客户资源等于情绪控制和无穷的力量。当你有足够的客户资源,你就更有可能去谈判并得到你应得的价格、条款和条件。

要牢记:

客户资源即生命!

第 5 章

销售谈判计划

销售谈判技巧模型 ™

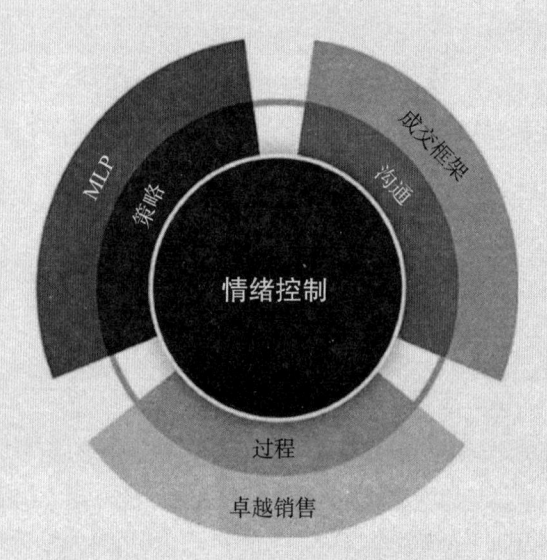

- MLP
- 策略
- 成交框架
- 沟通
- 情绪控制
- 过程

卓越销售

做好谈判的准备

大多数销售谈判发生在电光火石之间。你现在就在谈判，这是实时发生的，过程非常紧张。谈判可能是面对面进行的，或者通过电话、视频和短信。你提出方案，而利益相关者有兴趣，谈判即开始。

随着谈判推进，交付期限、预算窗口、配额、预测、"总统俱乐部"资格和一大笔佣金都在紧要关头时，赌注、压力和速度会进一步加快。

经验丰富的买方十分清楚如何动摇你的情感决心，从而占据上风，那么在没有计划的情况下进行销售谈判会很快让你陷入困境。

意识与妄想

在销售谈判这种具有强烈情绪色彩的情况下，保持客观性对销售人员来说是个大问题。你努力工作获得销售机会，推进销售过程的各个步骤，开始谈判，进行到最后敲定协议阶段时，你肯定不想失去这个协议。

一旦你在一笔交易中做了大量投入，那达到情感上的超脱并理性地进入销售谈判阶段可能就会比较难。

- 确认偏见非常强烈,即人们会戴上有色眼镜,只看到他们想看到的东西。你可能会误解对方,错过关键点或线索,或者误解谈判内容。
- 乐观可能会掩盖客观性,从而产生盲点。
- 过度自信,即你认为的"交易稳赢",会让你认为利益相关者会改变态度并接受你的条款,因此没有必要进行谈判计划。
- 人类的竞争天性滋生了对胜利的贪恋,这会让你觉得有达成交易的捷径,导致你以傲慢而非自信的态度对待谈判,或者让你更具对抗性而非进行合作。

我会继续重复我说过的话:在每次谈判中,最能控制情绪的人最有可能获得其预期的结果。

销售谈判计划帮助你克服破坏性情绪、盲点和偏见,客观地决定你将如何对待谈判,它可以让你把握全局和采用可取的谈判策略。

针对不同规模的交易进行计划

每笔交易都不一样。较小的交易可谈判部分较少、仅涉及一到两个利益相关者、长期风险较低,且主要关注价格,因此在"作战室"制订复杂的战略计划并没有什么意义。这种情况下,花点时间认真回顾一下你的权限和限制,为谈判结果设定目标和限制区域,并计划一个简单的**给予–索取清单**更有意义。

随着谈判复杂性的增加、利益相关者的增多以及风险的增加,销售谈判计划应该进入最终演示和提案、合同评审以及预定谈判会议之前的正式流程。

第 5 章　销售谈判计划

销售谈判计划 10 要素

销售谈判计划涉及 10 个基本要素：

1. 权限和不可谈判条件；
2. 利益相关者的资料；
3. 利益相关者谈判清单和 BATNA[①] 分析；
4. 交易范围和适合度分析；
5. 动机和权力地位评估；
6. 谈判参数；
7. 业务成果图和重要指标；
8. 制定目标区域和限制区域；
9. 谈判杠杆库存；
10. 给予 – 索取清单。

经历这个过程时，关键是你要有打破计划的原则，测试你的假设，问自己一些难题，并面对自己的动机、能力和权力地位的真相。最大的机会就是要认真听取他人的观点和意见。模拟不同的谈判场景，不要让逻辑和客观性被情感依恋、认知偏差和错觉所蒙蔽。

权限和不可谈判条件

每家公司和每个销售人员参与销售谈判都有不同的规则。这些规则甚至会因你的在职时间和领导对你的信任程度而有所不同。但是，你至少得有谈判的权力。

---

① BATNA：Best Alternative to Negotiated Agreement，即达成谈判协议的最佳替代方案。

在过去的工作中，我们得到过一份服务价目表。除了价目表，我们还收到了一系列参数，这些参数决定了我们可以谈判到什么程度，到那个点我们就需要经理的批准。我们可以在一组参数内协商合同条款和条件（价格除外）。

我们的佣金与这些让步条件息息相关。如果销售人员以最高价达成交易，并保持了合同期限等条款和条件不变，那么回报将是巨大的。这些人赚的钱比那些为了达成交易而放弃一切的销售代表要多很多。

了解你权限内的谈判内容

谈判之前，清楚地了解你的谈判权限非常重要。大多数公司都规定了这个界限，以及你谈判的权力大小。然而，其他人就不那么清楚了。在这种情况下，你需要问一些问题，这样你就不会越界。表 5-1 会帮助你组织并列出你有权限谈判的内容和区域、其他人有权限谈判的内容，以及何时你必须坚持的条款和条件。

表 5-1　　你的谈判权限

你权限内的谈判内容	你团队内其他成员权限内的谈判内容	不可谈判条件和撤出定位

了解他人权限内的谈判内容

公司热衷于在保持利润与赢得交易和实现增长之间取得平衡。你没有谈判权时，通常别人取得了谈判权；而这些人没有谈判权时，又会有另一些人取得谈判权，如此往复循环。这些制衡措施旨在确保销售谈判人员在谈判桌上的情感熔炉中做出明智的决定。

精明的销售专员知道这些界限在哪里，以及他们团队中谁有权做出让步。例如，每当我在竞争激烈的情况下需要与一个强大的客户谈判时，我很少单独行动。我总是与团队副主席去参加最终的提案会议，因为谈判开始时，他有权达成协议，完成交易。

有条件让步

当你和你的团队成员都无权做交易时，可以用有条件让步的策略。有条件让步的原理是这样的：

利益相关者："是这样的，除了每年的价格上涨，我对其他条款都很满意。但我们不想签署这样价格条款的合同。"

销售人员："只是这样吗？这是唯一的问题吗？"

利益相关者："我觉得是。我们法律部门肯定不会批准的，因为我们从来不签每年都涨价的合同。如果能解决这个问题，我就签协议。"

销售人员："我无权从协议中删除这部分内容，但我们可以换一种方式，我们可以先划去提价条款，这样就可以签协议了。然后我会把协议拿给老板，并说明你这边的情况。协议签署后，她更有可能同意取消该条款。"

一旦买方签署了协议，销售人员就将其带回给有权批准让步条款的人。因为协议已经签署，所以基本上每次都能成功。这就是他们说的"到手的鸭子"。

谈判权限是一把双刃剑

谈判权限很有趣,而且是一把双刃剑。我经常听到销售人员抱怨无权谈判某些项目,他们觉得这会让他们在买方面前显得软弱。

我告诉他们,其实恰恰相反,没有权限有它自己的优势。它可以让你站在买方一边,成为他们的代言人——从本质上来讲,你们是作为一个团队一起工作,合作完成交易。

当你需要放慢速度、有考虑的时间时,它也能给你打掩护。这也是我不说自己有谈判权限的一个原因。

当有一个简单的方法可以快速达成交易时,我就会用我的权限来达成它。但是,当对方要求的让步条件严重影响我的收益时,我会推迟亮出我的谈判权限,这样我就有时间考虑谈判策略,衡量利益得失,或者找到可以用来保持利润指标的非货币价值交易(有趣的收益),从而促成价值更高的合作。

清楚不可谈判条件,以及如何有效地表达不可谈判条件

有些事情是没有商量余地的。一般来说,合同义务、支付条款、合规问题都属于不可谈判条款,通常都有不可跨越的底线。

对于不可谈判条件,你必须十分谨慎。如果出现以下情况,这些不可谈判条件就会让你陷入两难境地,付出巨大的代价:

- 错误地对不可谈判条件做出让步,之后又不得不收回;
- 暗示这些不可谈判条件是可以商量的。

因此,在进入销售谈判之前,清楚不可谈判条件并对其进行回顾是

非常有帮助的。

人人都想要自己无法拥有的东西

人们最想要的是自己无法拥有的东西。如果买方发现一件商品不可讨价还价，他们就会更想拥有它。当他们想要的时候，他们会给你施加最大的压力。这种压力会让你在销售谈判中犯错。

如果你不能控制自己的情绪，就会在安全防御的范围内做出反应。当你试图为你方的不可谈判条件辩护时，你会带着情绪，而不是轻松自信地陈述事实。

在这种情况下，你说的话听起来就不可信，买方会加大马力施压。有时候，你会暗示对方你也许能对这些不可谈判条件做些让步来减轻自己的压力。相信我，这是条死胡同，只会给你带来麻烦。

在销售谈判中经常会有一些争议性、不可谈判的问题，比如，交货间隔期、付款条件、最低限度、专业服务、安装费用、合同条款等。当你经常因为这些条款在谈判中受挫时，你会害怕销售谈判。为了保护自己，在销售谈判开始时为这些不可谈判条件道歉会引发异议。

不要这么做。如果你过早提出不可谈判条件，你就让竞争对手有了可行的方法。如果你向他们道歉或者暗示你不同意这些政策，就削弱了你的地位，因为你给人的印象是你不相信你卖的东西，你也更有可能给出有价值的让步来补偿这些不可谈判条件。

关于不可谈判条件的三条规则

关于不可谈判条件的三条规则将帮助你在销售谈判中绕开这个问题：

- **不要提起这些条件**。除非买方提出来,否则不要在谈判时提起不可谈判条件。
- **绝不退缩**。以轻松自信的方式提出不可谈判条件,对待它们像对待其他合同条款一样,所有买方都能接受它们。
- **信息传递很重要**。用有逻辑、容易理解的语言解释不可谈判条件。

当你清楚而自信地说明不可谈判条件时,大多数买方会接受你的解释,事情会朝向更顺利的方向发展。现在请花点时间列出你的不可谈判条件,然后写一个易于理解的说明,你可以在销售谈判中用权威自信的方式表达出来(见表5-2)。

表5-2　　　　　　　　　不可谈判条件及其原因

不可谈判条件	原因

利益相关者的谈判档案、谈判清单和 BATNA 排序

准备谈判其中一个关键环节是为直接或间接参与销售谈判的利益相关者建立谈判档案,如图5-1所示。

在谈判档案中,我们需要分析每位利益相关者的:

- 动机水平;

- 谈判角色；
- ACED 买方角色（见第 6 章）；
- 个人成功标准；
- 谈判清单；
- 已知备选方案。

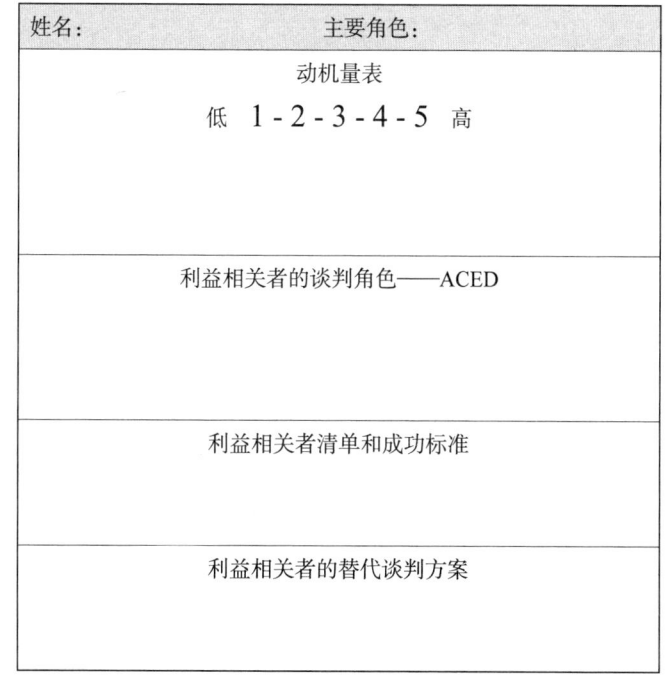

姓名：	主要角色：
动机量表 低 1 - 2 - 3 - 4 - 5 高	
利益相关者的谈判角色——ACED	
利益相关者清单和成功标准	
利益相关者的替代谈判方案	

图 5-1　谈判档案

站在对方的立场上，思考他们看重什么。

- 想想他们会怎样开始谈判。
- 确定那些认为你是最佳替代人的提议者，即利益相关者，并考虑如何最好地利用他们。

- 确定可能不太愿意与你合作的利益相关者（这些人可能觉得有其他选择），思考如何消除他们的影响。

利益相关者的权限

与利益相关者打交道，你没办法做到无所不知。这并不意味着你不能提问或尝试从你们的谈话中辨别他们在与你谈判过程中的权限大小。

尽最大努力了解团队中每个利益相关者的谈判权限以及谁能做出最终决定。在企业间的销售中，与一个有权同意与你做生意的买方打交道并不少见，但有权与你协商合同条款并签署合作协议的并不多见。我们当然希望直接与有签署和资助权限的买方合作，然而，在现实生活中，这种情况并不常见。

尽管利益相关者可能没有特定购买权限，但通常他们的意见有一定分量。尤其是与法律团队和采购部门打交道时，利益相关者可能没有谈判权，但当法律团队和采购部门有破坏交易的苗头时，利益相关者会让他们退出谈判。

了解利益相关者的权限可以避免与该利益相关者协商结果，而只让他们的法律团队、老板或采购部门降低谈判筹码。这会减缓这一过程，让你陷入情感困境，因为你需要为同一个目标奋斗两次。

当利益相关者无权协商一个具体结果时，最好退一步，用你的筹码让他们打电话或当场找到有该权限的相关人员。

如果你打算做出有价值的让步来达成交易并获得利润，那么这个让步就是你的筹码。坚守让步条件，直到有权限的所有人都在场，这样才能做出最终决定，你才能签订协议。

利益相关者清单和 BATNA 排序

一旦你建立了单个利益相关者的谈判档案,你就可以编辑一个核心利益相关者的成功标准、愿望、需求、必备条件、交易破坏条件和核心动机的综合列表(见图 5-2),然后列出所有已知备选方案并进行排序,识别对方的 BATNA。

利益相关者清单	利益相关者替代方案	BATNA 排序

图 5-2　利益相关者清单和 BATNA 排序

利用这些信息来分析利益相关者的整体动机和地位实力。这一过程有助于将利益相关者清单与自己的清单进行比较,这样就可以与己方利益相关者找到共同点,制定给予–索取清单,并建立中和备选方案的策略,改善你的权限地位。

动机、权力地位、资质分析与参数

你知道有更大动力达成交易的一方更愿意为实现目标做出让步,也知道谈判时的权力与其备选方案的数量直接相关。

动机来源于情绪和欲望,通常与权力地位成反比。利益相关者的整体动机可能会被利用,来降低已知备选方案的可行性。

因为动机和权力对谈判结果的影响最大，所以总体分析利益相关者的动机和权力大小很重要（见图5–3）。准确了解自己的立场有助于在销售谈判中制定策略和方法。反过来，你必须消除错觉，明确你的动机水平和实际权力，这有助于你在谈判中实现情感原则。

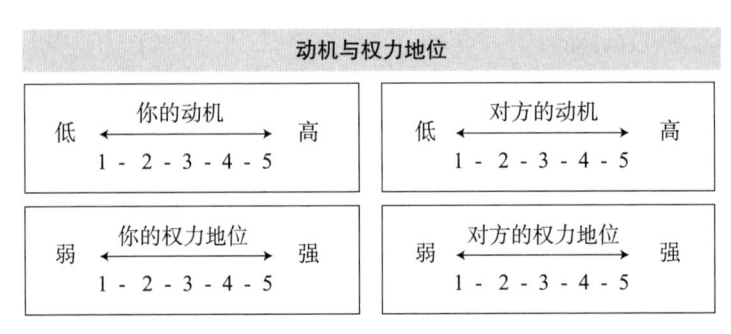

动机与权力地位	
低 ←你的动机→ 高 1 - 2 - 3 - 4 - 5	低 ←对方的动机→ 高 1 - 2 - 3 - 4 - 5
弱 ←你的权力地位→ 强 1 - 2 - 3 - 4 - 5	弱 ←对方的权力地位→ 强 1 - 2 - 3 - 4 - 5

图5–3　动机与权力地位

快速评估机会可以实现这一目标。我们回到九帧图资格矩阵，并映射交易资质，然后运行合适度资质分析，以确定交易的适合之处（见图5–4）。

不适合 高收益	非常适合 高收益
不适合 低收益	非常适合 低收益

图5–4　合适度资质分析

- 非常适合，高收益；
- 非常适合，低收益；
- 不太适合，高收益；
- 不太适合，低收益。

根据分析来确定以下事项：

- 你有多想要这笔交易？
- 为了达成交易，你愿意做出多少让步？
- 如果你觉得需要退出谈判，有什么备选方案？

比较买方的立场和你的立场，找出你们的共同之处。思考你要如何利用关系、信息、见解或让步条件来中和备选方案并巩固你的地位。这一过程将帮助你为谈判确定目标和限制条件，并制定给予–索取清单。

制定给予–索取清单

在谈判周旋的过程中，你可以利用手中的筹码与买方达成一致。当对方要求让步时，你可以利用你的筹码获取一些回报。例如，如果买方要求降低10%的服务交付费用，你就可以要求增加一年服务期。

这就是简单的价值交换。如果你放弃了筹码，就应该用同等价值或更高价值的东西来交换。你的首要目标是向对方赠予对你来说价值不高但对方认为价值很高的东西，同时让对方做出更高价值的让步。

永远不要在没有运用给予–索取清单计划的情况下进行销售谈判，因为你可能会做出对你方有价值的让步，并得到对买方来说价值较低的回报。也可能更糟，你可能会做出对己方有价值但对他人没有价值的让步,这就抵消了让步的作用。

销售谈判参数分析

建立给予－索取清单的第一步是评估各方如何看待销售谈判的五个核心参数。利用销售过程探索阶段收集的关于预期标准的资料来评估供应商,作为此次分析的依据(图5-5)。

谈判参数									
你的谈判参数	低	方法	高	关键点	他人的谈判参数	低	方法	高	关键点
风险评估					风险评估				
价值					价值				
定价/经济情况					定价/经济情况				
条款和条件					条款和条件				
关系网					关系网				

图5-5 谈判参数分析

1.**风险**。各方完成交易需要面临多大的负风险?这一点很重要,因为感知到最高风险的一方会重视能抵消风险的因素。

2.**价值**。鉴于各方情况有异,这笔交易对他们的价值有多大?例如,如果你在一家小公司工作,那么对该公司老板来说,你开发的软件可能是他们有史以来最大的投资,但对你来说,这可能只是九牛一毛;或者反过来,某笔交易对你来说可能力挽狂澜,但对与你谈判的世界财富百强企业来说却是一笔常规交易。理解相对价值对于控制情绪以及利用信息和指标来影响对方的行为都是至关重要的。

3. 定价。了解各方如何看待定价以及哪个零售价最重要。你肯定想知道价格或条款和条件是否更重要：

- 利润来自哪里？必须保护哪些零售价？
- 买方会关注单价、总价还是总拥有成本？
- 对方的预算是多少？预算是灵活的还是固定的？
- 协商价格如何影响风险、服务交付和维持长期客户？

4. 条款和条件。在高风险企业交易中，条款和条件至关重要。你要知道哪一条最重要，你的不可谈判条款是什么，以及这些条款与条件会与对方的谈判清单有何种冲突。

5. 关系。你要弄清楚潜在客户的终身价值，这有助于让你避免陷入一些小问题。在这些小问题上，虽然你在战术上取得了成功，但从战略上讲，你却输了。同时也要评估对方如何看待与你方的合作关系。他们是看重你，还是会投奔下一个出价更低的销售人员？

销售谈判参数分析对于情景规划和准备销售谈判对话非常有帮助，它会让你洞察到对方的动机水平和权限地位——尤其是他们如何看待无所作为的可能。

业务成果图和重要指标

制定给予－索取清单的下一步是重新审视潜在的业务挑战，以及你的建议和提案中计划的业务成果（见表5-3）。

表 5–3　检查潜在挑战和业务成果图方面的建议

挑战	建议	相关业务成果	重要指标（MTM）
		业务成果图和重要指标	
1.			
2.			
3.			
4.			
5.			

一旦利益相关者选择你作为客户代表，就可以认为他们相信你的建议有助于实现这些业务成果。换句话说，他们看到了你的价值——至少在那一刻看到了。

然而，你在谈判时有时会面临一个问题，就是他们会忘记或很难将你展示的价值与实现这些业务成果需要支付的价格联系起来。这就需要你提醒他们。

你要确保你已经准备好以可衡量的业务成果的形式清晰地阐述你正在交付的业务价值。最有效的方法是利用数学。

在进行谈判之前，拿出计算器，利用对利益相关者重要的指标，准备好用明确的数字向他们展示你的业务如何让他们获益，清楚地说明这些价值联通是拿下合同、原价格、避免折扣的关键。

销售谈判图

开启销售谈判过程的是你的提议——购买的正式提议。坦率地讲，如果你在整个销售过程中表现完美，并且有效地证明了价值，你可能只需要回答几个问题或处理反对意见就可以了。这是最好的情况——无须谈判。

你不能也不会总能得到你想要的，但这并不意味着你要满足于此，你应自信地认为买方会同意你的提议，无须谈判，并在这种自信下提出提议。

尽管如此，在现实中脚踏实地还是有好处的。因此，如果需要谈判，你应该制定一个目标和限制区域来确定给予－索取清单中的最后让步立场。图5-6展示了你的销售谈判图。

目标区域是最初提议的最后让步立场，仍代表着团队的胜利。这是一个协商的结果，它可以保护企业利润、你的收入和企业履行承诺的能力。

限制区域是达成交易的绝对底线。除此之外，你会遇到不可谈的条件，只能被迫离开。

达成交易的动机对目标区域和限制区域影响很大。使用九帧图资格矩阵和拟合矩阵来帮助你为每笔交易绘制销售谈判图。

图5-6 销售谈判图

销售谈判筹码清单

让步是你的谈判筹码，即你在销售谈判时为使买方让步而交易的价值。这些权衡取舍是达成一致和完成销售的方法。

让步既可能是影响佣金和利润的高价值交易,也可能是成本很低或零成本的低价值交易。谈判的目的是利用成本很小的让步来保护你的收入、利润、条款和条件。

首先,建立一个提议中的所有潜在让步条件的竞争清单(见表5-4)。集思广益,找出你在谈判中可以利用的一切筹码。在你看来,潜在的让步条件有多小或有多不重要都不要紧。对某些人来说,一切都有价值。

表 5-4　　　　　　　　　　　让步条件计算

让步条件清单	对佣金和利润的影响

接下来,计算每个让步条件对你的收入、奖金、推销奖金、旅行、"总统俱乐部"资格的直接影响。密切关注让步条件组合如何改变佣金数量,记下哪些让步条件对你个人来说是有价值的,哪些是你可以放弃且影响不大的。

然后考虑让步对公司利润、客户终身价值、服务交付、承诺的解决方案、业务成果,以及团队中其他人的负面影响,还要考虑每个让步条件的非预期后果。

价值取决于旁观者

制定让步条件清单并了解其后果后,在每次独特的销售谈判之前,通过关注买方的价值,制定让步筹码策略就更加容易了。

记住你谈判的目标：利用对你来说价值低但对买方来说价值高的让步条件，从买方那里获得对你来说价值高的让步，迫使他们停止谈判并敲定交易。

为了弄清楚对对方来说什么条件价值高，我们要从谈判参数分析开始，然后查看利益相关者的谈判清单、成功标准、业务成果图以及供应商评估的预期标准。

掌握这些信息后，制定一个谈判筹码价值清单（见表5-5）。该清单与这次特殊谈判相关，然后衡量每个筹码对你和利益相关者的价值。

表 5-5　　谈判筹码价值清单

谈判筹码	对你的价值		对利益相关者的价值	
	高	低	高	低

寻找利用"假钞"（funny money）的机会。"假钞"指所有的非货币让步，对对方来说有价值，但对你来说成本很小。例如，你所提供的作为打包报价一部分的视频培训文件，这对你和公司来说成本都很小，然而，一些利益相关者认为这对于他们来说非常重要，因为他们想用该文件来推动公司的培训。

当利益相关者要求在价格上让步时，你可以同意，但让步之后你就不能免费提供视频培训文件了。当利益相关者不愿放弃培训，你就有了与对方达成一致的筹码。

给予－索取清单

既然你已经有了一份可让步清单，并且已经衡量了每一个让步条件对于你和对方的价值，那么下一步就是制定一份自己的给予－索取清单（见图5-7）。给予－索取清单是你从最初的提议到目标区域或者到限制区域（如需要）进行谈判的后备方案。

给予		索取

图 5-7　给予－索取清单

制定给予－索取清单时，你要思考如何单独或结合使用相关让步条件，从而与利益相关者的谈判清单和谈判参数保持一致，思考如何利用某些让步条件来中和已知备选方案。专注于制定给予－索取清单，为团队赢得协商一致的协议开辟道路。

给予－索取清单通过给予对你来说价值较低但对买方来说价值较高的让步，同时从买方那里获得对你来说价值较高的让步，帮助你们达成

第 5 章 销售谈判计划

一致。一般来说,一旦到了买方不再愿意交易让步的地步,你们就可以达成一致,敲定这笔交易。

制定给予–索取清单与绘制销售谈判图直接相关。首先回答五个问题:

1. 你想要什么,即你想要的结果是什么?
2. 对你和你的团队而言,最好的结果是什么?最差的结果是什么?
3. 为了达成交易,你愿意放弃、妥协或牺牲什么?
4. 你对交易中每个可协商条件的绝对底线是什么?
5. 有哪些不可谈判的条件?

制定给予–索取清单需要考虑不同的谈判场景。这就像在你脑海中想象一场象棋比赛,预估你的对手会怎么走,思考你的对策和每一个对策可能产生的非预期后果。

我发现根据买方会用的开场白来设置多种谈判场景很有帮助。例如,买方可能会以下列方式开始谈判:

- "我们喜欢你的提议。在哪儿签字呢?"
- "价格太高了,我愿意出 5 万美元。"
- "我们不想签署 5 年期的协议。"
- "我们需要你降低小工具 ×× 的单价,这样才能符合我们付给同行的同等费用。"
- "项目设立费用太高了。"
- "我们不想要合同中的自动续约条款。"
- "我们不能等到 2 月份再安装。我们需要在一个月内完成这项工作。"

然后，根据概率对这些开场白进行排序，并为最有可能出现的开场白制定给予-索取清单。这是个简单的"如果……那么……"过程。

- 如果买方要求降低每台认购成本，那么每台的价格可以降低 7.79 美元，来换取 50 台产品的质保。
- 买方不愿做出保证时，如果他们同意按年付费而不是按月付费，那么每台价格可以降低 5.25 美元。
- 如果买方要求签订不足五年期的协议，那么可以签订三年或四年的协议，但要收回提案中提供的免费培训项目。
- 如果买方要求每年都不涨价，也是可以同意的，前提是合同期额外增加一年。

给予-索取清单规划是改善情感原则和在销售谈判过程中获得更有利结果的基础。经历该过程有助于你在心理上做好准备，在调整策略的过程中接受谈判中的给予-索取。

你会发现，通过此练习，你可以更好地了解利益相关者的谈判清单，以及对他们来说什么才是真正重要的。这有助于你换位思考，思考你的哪一项"妥协"筹码最大。最后，它有助于你按计划循序渐进地做出让步，而不是那些会耗尽你的谈判筹码，让你处于弱势地位的巨大让步条件。

利用销售谈判策划来模拟会面

我曾共事的一位顶尖销售经理在我们的谈判训练中玩了一个模拟会面的游戏。我们开始谈判，探索每种可能的场景，这些场景可能会迫使我们进入销售谈判的限制区域，或者直接终止交易。

这不是什么宽泛宏伟的事，而是发生在我们身边的事。我们会深入细节，没有什么是神圣的。所有利益相关者、让步条件、非预期后果、可能的未知因素、竞争对手，以及我们自身在 MLP 方面的弱点都可能是破坏因素。

这些练习通常是和我的同事们一起进行的，非常痛苦，有时也很尴尬。模拟会面暴露了谈判中的盲点、过度自信、价值桥梁上的漏洞、确认偏差和我们在知识上的差距。

- 得知你不知道的重要信息是很难受的，因为你太害怕了（破坏性情绪），不敢问棘手的问题。
- 意识到自己毫无准备也很痛苦。
- 在你被选为交易首选之前过早地进行了谈判，这一事实让你很痛苦。
- 有时我们很难接受，为达成交易而打算做出比所需要的更大的让步。
- 当你试着解释自己的立场时，只得到了"那又怎样"，这很尴尬。

模拟会面的训练令人不安，也令人大开眼界。我喜欢这个过程，因为走完这些过程之后我有了更好的计划，而这些计划让我在谈判时更有效率。按照我的合同条件，我已经完成了很多交易。如果没有那些我在模拟会面训练中获得的洞察力，这些交易可能无法达成或已落入限制区域内了。

销售谈判计划

为了帮助你进行销售谈判、战略和模拟训练，我们制订并完善了一份成熟的销售谈判计划书。计划书汇集了我们在前面章节中讨论过的销售谈判策划的所有核心要素。

有两种格式：个人计划书和团队模拟训练的大海报格式。

- 可以在 https://free.salesgravy.com/snp 下载一份免费计划书和个人使用说明。
- 可以在 https://planners.salesgravy.com 为你的销售团队批量购买彩色专业印刷的销售谈判计划（讲义和海报版本），包括说明书。

本杰明·富兰克林曾说过，没有准备，你就是在准备失败。这对销售谈判来说是金玉良言。当你开始销售谈判时，一个经过深思熟虑的销售谈判计划会给予你力量、信心、谈判的优势和更高的获胜概率。

第6章

销售谈判沟通技巧

销售谈判技巧模型™

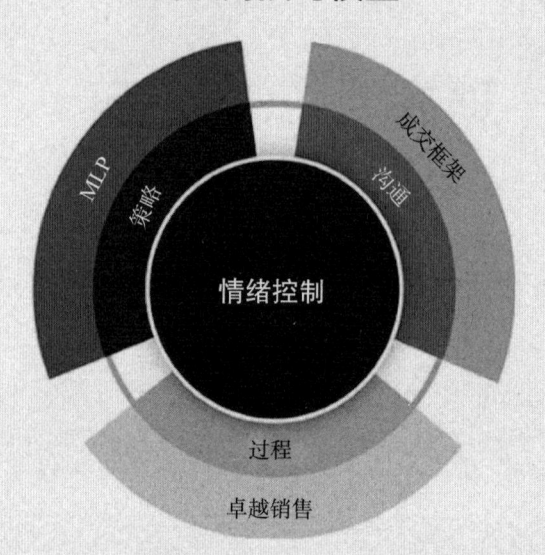

- MLP
- 策略
- 成交框架
- 沟通
- 情绪控制
- 过程
- 卓越销售

高效销售谈判沟通的七个原则

无论销售谈判是在一张真实的桌子上,还是通过电话、视频电话、电子邮件或短信进行,都是人与人之间交流和有意控制分歧的过程,交织在不完美的人类情感和逻辑结构中。

在谈判桌上,高效沟通能让你控制谈话,帮助你就协议达成一致。

沟通问题会减缓谈判进程、引出备选方案、破坏关系、产生高代价的误解。

高效销售谈判沟通有七个原则可以帮助你避免这些错误,让你在销售谈判中占据优势。

要控制谈话,首先要控制你的情绪

我们已经了解了情感原则是高效销售谈判的核心。控制谈话从控制你的情绪开始,所以提前计划和模拟谈判场景非常重要。计划这个过程可以让你不受情绪影响。

对方会以同样的方式回应

我们已经知道情绪是会传染的。正因为如此,人们倾向于以同样的方式回应他人的行为。

在谈判中,买方会运用能挑动你情绪的策略。这些策略可能很直接,也可能会显得恃强凌弱、苛刻,或是固执己见,也可能是花言巧语的称赞。他们的目标是利用情绪的传染性让你以同样的方式回应他们,改变你的行为。如果你上钩了,他们就获得了控制权。

另一方面,当你让对方以与你相同的方式回应你时,你就控制了谈话的语气、节奏和进程。让对方向你靠近并做出相同回应的关键是利用非互补行为。换句话说,你回应的方式要与他们对你的期望相反。

例如,如果对方试图让你加快谈判进度,那么你就要慢下来;如果对方攻击你,那么你就要表现从容,以礼貌友好的方式回应。

最有力的非互补行为是放松、从容自信。当你处于这种状态时,对方往往会做出同样的回应,向你靠近,尊重你。

用问题控制沟通进程

大多数销售人员认为,要控制谈判对话,必须在谈判中一直讲话。但事实恰恰相反,提问题的人通常握有控制权。

因为提问题时,你可以控制谈话内容,可以自由控制谈话的方向。这有助于你保证谈判顺利进行并专注于自己的议题,同时也让利益相关者感受到他们被倾听及其重要性。

请记住,你提出的问题是最重要的。

让对方告诉你他们在想什么

学会倾听，不要急于下结论或做出草率的判断。请记住，说话者正在用语言来表达他们的想法和感受。不要假设你知道他们的想法和感受，也不要自行接话。

当你的利益相关者放慢速度或试图整理他们的想法来寻找一种方式表达其感受或想法时，你可能会不耐烦、思维跳跃，贸然猜测他们的想法或感受。通常情况下，你会错得离谱，因为你根本不知道他们到底在想什么。在情绪激动的谈判中，这种行为会产生敌意，对方会闭口不谈，最终阻碍相互理解。

人类都有一个坏习惯，那就是自认为知道别人在想什么。不要混淆沟通和协议，确切知道他人在想什么的唯一方法是让对方告诉你。这些话必须从他们嘴里说出来。

如果你不知道你的利益相关者在说什么，或者你不理解他们想要表达的东西，就请他们停下来澄清自己的观点。适时地澄清问题能向对方表明你在倾听，且有兴趣理解他们。

如果对方的想法和你想的不一样，那么沟通失败

在我四年级的时候，我的老师吉本斯女士在一个温暖的春天带着全班同学出了教室。她让我们站成一排，大约有 25 个同学。她对队伍一端的第一名同学小声说了她从卡片上读到的话，然后，那名同学转向旁边的同学，小声传递这句话，听到这句话的同学再以同样的方式传给下一名同学，一直持续到最后一名同学。

吉本斯女士让最后一名同学大声向所有同学重复这个信息。大家都

发出咯咯的笑声或窃笑声。我们都在摇头，因为最后一名同学说出来的话并不是我们传递的话。

最后，吉本斯女士读了卡片上的话。除了最开始的那几个同学，大家听到的话都和她说的不一样。在经过 25 次重复的过程中，信息变得如此混乱复杂，已经和原本的内容完全不同了。

我清楚地记得我当时有多震惊。这种演示有力地说明了我们的倾听能力是多么地糟糕。每次沟通崩溃的时候我都会思考，几乎都是因为倾听有误而导致的。

如果你和买方想的不一样，你们可能就无法达成一致，那么沟通失败。不要假设，而要停下来检查、澄清、确认协议内容。

如果对方考虑的是你的行为而不是交易，那么沟通失败

在情绪激动的销售谈判中，你可能会紧张，你可能会有达成交易的压力。你会感到有压力，会担心，你还会想赢。

在这些极端情绪中，人们经常会打破他们的正常行为模式，做一些破坏人际关系的事情。人们很容易会：

- 陷入争论或说一些伤人的话；
- 粗鲁或无礼；
- 傲慢；
- 生气；
- 紧张，表现得不够博学、软弱或不可信；
- 谈论其他人，在你慷慨激昂地说明立场时打断你；
- 做出无法兑现的承诺；

- 未倾听；
- 夸张；
- 操纵；
- 撒谎。

买方在关注你的行为时，你们很难达成一致，因为他们考虑的是你这个人而不是交易。这也是情感原则对高效谈判来说很重要的一个原因。

每当你被买方推到边缘，并感觉到有"战斗或逃跑"反应时，停下来休息一下，集中精力，否则你的破坏性情绪可能会毁了你和你的交易。

不要被沉默吓退

沉默是销售谈判中最有力的武器之一。它迫使人们回答问题，把问题放到桌面上，提出异议，做出承诺。

谈判中出现沉默时，通常会有人说话来填补空白，因为沉默很尴尬，也让人害怕。这些填补空白的话提供了线索，甚至会透露这个人手中的筹码。

看到销售人员做出让步总是让我感到惊讶。然后，在利益相关者思考这个问题的瞬间，销售人员又提前开口做出了让步。

为了保持控制权，你就不能被沉默吓退。千万不要回答自己的问题，不要在沉默的空隙发言。控制情绪，咬紧牙关，等待对方的回应。

ACED：掌握四种主要的利益相关者沟通风格

我们每个人都有自己喜欢的沟通方式。有些人很直接，有些人则喜欢旁敲侧击。有些人说话很慢，几乎没有情感，而另一些人则更显活跃。人与人之间的沟通可能是直接的、有动力的、善于分析的、侧重于建立共识的小心翼翼，或者是社交的、外向的。

当你与利益相关者以他们更喜欢的方式互动时，你们会建立更深的情感联系并获得更多的让步。利益相关者倾向于更喜欢、信任和他们一样的人，也更容易被这类人吸引。这就是所谓的相似性偏差。

因此，当你灵活运用你喜欢的沟通方式来对接对方的沟通方式时，对方会更愿意与你合作来达成一致。

灵活运用沟通方式本质上意味着调整你的方法来适用于每个人的互动行为，这样他们与你在一起工作时会感觉更舒服，从而减轻他们的焦虑，打开通往情感联系的大门。

ACED

有四种主要的沟通方式（见图6-1）。这些沟通方式的标签大量流行于心理计量测验和培训计划中。然而，不管标签是什么，跨越人类行为和先天沟通偏好的多种理论的风格标签往往会集中在这四种主导风格上：分析者（analyzer）、共识构建者（consensus builder）、激励者（energizer）和主导者（director），简称为ACED。

第 6 章 销售谈判沟通技巧

分析者
- 数据驱动
- 线性思考者
- 有条不紊
- 情感墙

主导者
- 渴望控制
- 管理
- 业务第一
- 结果/行动

共识构建者
- 消极
- 犹豫不决
- 询问者
- 倾听

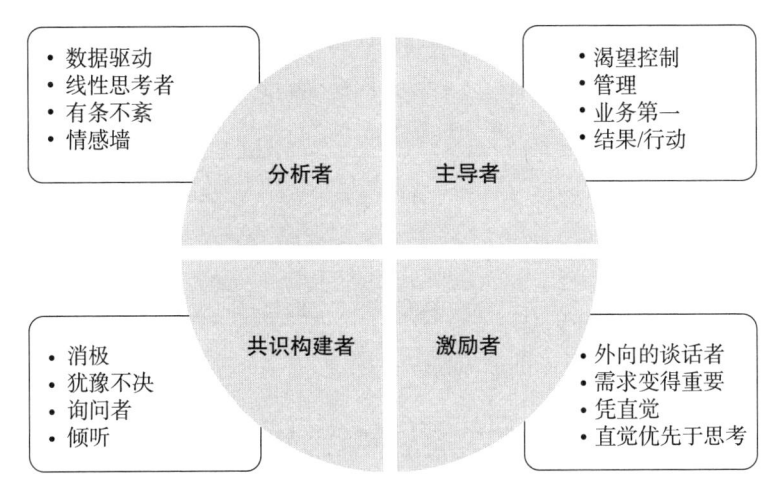

激励者
- 外向的谈话者
- 需求变得重要
- 凭直觉
- 直觉优先于思考

图 6-1　ACED 利益相关者沟通方式

通过简单的视角调整，观察其他人的行为模式，你就会知道你的对手是什么风格。一般来说，风格偏好相同或相似的商业人士拥有类似的职业角色，但也不一定。例如，首席财务官是一名分析者，人力资源专业人员是共识构建者，销售专业人员通常是典型的激励者，首席执行官（和其他损益所有者）通常是主导者。

我们很少以单一的主导风格来对待世界和所处的环境；相反，我们是多种风格的混合体。当需要做出重要决定时，紧张或情绪化的情况下会出现一种主导风格，比如销售谈判时。

分析者

分析者通常扮演资助买方的角色，同时制衡着激励者和主导者。一般来说，激励者和主导者是签署交易的人。作为影响者，他们可能会唱反调，对你的商业案例吹毛求疵。

分析者要有系统、有条理、头头是道。他们拒绝炒作和推销，更喜欢关注数据和事实，最喜欢有条理的交流和铁证如山的案例研究。分析者经常表现得很冷漠，看似不投入。因为他们总是不受情绪的影响，所以他们在谈判桌上会令人生畏。

分析者开始谈判对话时就隔离了情感，对其突破的关键是有条不紊的耐心，控制你的破坏性情绪，了解关键数字。

与分析者之间的信任需要慢慢建立，而突破的最佳策略是组织一系列可以系统地建立关系的简短会议。

询问分析者在决策过程中所认为的最重要的部分，以此来开始对话。不要问私人问题，除非他们提出此话题，尽可能专注于业务。询问他们评估供应商的流程，以及他们的价值观。

在与分析者谈判之前，一定要做好充分的准备。思考他们可能提出的每一个问题，确保你的回答能令人信服，并用事实和数字来支持你的回答。切记，不要在分析者面前胡说八道。

仔细检查所有书面文档、图表和电子表格中的错别字、不一致等错误。分析者非常注重准确性，他们会关注不准确的信息、错误或混乱的数据。如果有这些，就会导致他们对别的事情充耳不闻。

对于分析者来说，如果你不能回答问题，不能用事实支持你的观点，或者不能在第一时间纠正错误，你就是不可信的，那么你就不是一个可用的供应商或值得尊敬的谈判对手。

共识构建者

共识构建者重视取悦他人，规划性极强。他们往往是可预测的、友好的，且擅长倾听。

共识构建者更喜欢例行公事，规避风险和变化，厌恶冲突。当与其他人之间出现问题时，共识构建者倾向于消极反抗，而不是直接攻击。如果你冒犯了共识构建者，他们一般不会直接告诉你，而是会怀恨在心，从而心生怨气。你永远都不知道你为什么会失去这笔交易。

共识构建者通常会以稳定缓慢的速度推进谈判，因为他们要确保每个人都参与了决策过程，所以他们煞费苦心地让所有人参与进来并与之确认。他们经常要看更多的资料——另一个演示、更多数据、额外的案例研究、另一份陈述。

因为不愿承担风险，共识构建者在采取行动之前需要规划好一切，所以他们在谈判时可能会让人感到沮丧。就在你认为即将达成交易时，他们可能会要求更多的时间来考虑你的提议，还要和他们的团队商量。

如果你不耐烦、用力过猛，他们就会停止与你谈判。因为共识构建者不喜欢冲突，一旦他们不愿谈判，就很难让他们重新参与。

共识构建者善于倾听，也善于让你开口。他们会让你觉得自己受到重视、备受感激。他们会问你问题，让你畅所欲言。

与共识构建者会面后，你的感觉会很好，因为你讲了很长时间。然而，可悲的是，你在这个过程中暴露了自己，放弃了你所有的筹码。

与共识构建者谈判时，你必须非常小心地减缓谈判进程，进而赢得他们的信任。提前花些时间就他们决定要看到、听到、感受到和知道的信息达成一致，对时间表和谈判步骤达成共识。

同时与所有他们希望参与到这个过程中的人会面，是达成一致的最快途径。尽管你已经达成了协议，但是共识构建者仍可能临阵退缩，所以一旦你们达成一致，就尽快签订协议。

激励者

激励者与分析者相反。分析者是有条不紊的，激励者是随意的、杂乱无章的和分散的。形容激励者最好的方式就是激情、准备、瞄准。

他们很容易偏离轨道，并可能在谈判时就非相关问题花费大量时间。为了让事情按部就班，你要严格遵守明确的议程，并通过书面交流来确认所有口头协议。

激励者是伟大的教练和冠军，因为他们喜欢与人交流、分享信息。如果你陷入困境，他们可以帮助你呼吁其他利益相关者站在你这边。

激励者重视人际关系。与主导者和分析者不同，对激励者来说，首先是关系，然后是业务。他们倾向于长篇大论，情绪激动，充满活力，精力充沛，并希望得到其他人的赏识。

激励者喜欢成为关注的焦点。他们喜欢赞美和奉承，当你倾听他们时，他们会感到备受赏识。这种备受赏识的需要不能打折扣。激励者会因为喜欢你而在谈判时同意让步。当你倾听时，他们会选择与你合作。他们这种永不满足的感觉自己很重要的需求经常压倒客观、理性的决策。

销售人员在谈判中竞争关注时，会破坏与激励者的关系。和激励者合作时，要时刻注意奖励；专注于你想要的结果，而不是寻求关注。

与激励者谈判时，关键是用开放式的问题来控制对话，你可以引导对话内容，同时不会让他们觉得你在打断他们。

主导者

主导者做决定很快。他们偏爱行动，最喜欢与有决定权的销售人员合作。

他们渴望控制。如果你想让主导者喜欢你,就不要和他们竞争。即使主导者已经将决策权交给了另一个人,他们也会在最后一刻突然介入,通过"盖章"来巧妙地施加控制。

在这种情况下,销售人员有时会导致交易失败。因为他们会与直接挑战他们权威的主导者争吵,不是因为主导者不同意其下属做出的决定,而是因为他们想确保每个人都知道谁说了算。

主导者非常重视信心的建立,他们会毫无顾忌地压制不自信的销售人员。如果你不知道一个问题的答案,那么不要假装知道,不要结结巴巴地欲言又止,也不要表现得软弱或害怕。如果你这样做了,主导者就会先对你失去敬意,然后摧毁你。你需要自信地说你不知道,但之后会给出答案,并给出你给他们答案的一个具体时间,一定要遵守这个承诺。

主导者会对冗长的解释没有耐心。在谈判中陈述你的观点时,要直接说出要点和简明准确的信息。说出一点信息,暂停进行确认,然后再说出一点信息,暂停进行确认。

如果你浪费了一个主导者的时间,那么你已经失去了他。如果你说了任何与其情况无关的话,你就已经失去了他们。他们关心的是自己的问题,以及你要如何解决这些问题。

在销售谈判中,主导者可能要求很高,令人生畏。有时,他们会挑战、施压、努力谈判,只是为了看看你能否承受。当你坚持自己的立场,表现出敬意和信心,同时表现谨慎,不挑战他们的权威,主导者就会尊重你。这份尊重也打开了达成一致的大门。

与主导者建立深厚的信任关系是有可能的,但首先是业务,把事情做好(get stuff done,GSD),最后是社交。如果他们觉得你可以兑现承诺,就会从你这里购买,并继续与你合作。

陌生人危险和采购陷阱

你会遇到的一个最令人不安的情况——和一个陌生人谈判最后的交易。利益相关者选择你作为客户代表,然后带你去见这些陌生人。

资助买方,比如采购专家、律师,甚至首席财务官,可能会在游戏的后期加入进来。你和这些人不太可能有关系,而且经常被他们视为无关紧要的人。

大公司让采购部门加入谈判交易的一个原因是,采购部门的陌生人对待谈判结果是没有感情的。他们不关心你过去的关系或你达成的任何协议。他们有一个基本作用:从你那里获取尽可能多的价格优惠,并迫使你接受有利于其自身的合同条款和条件。

这种"陌生人危险"对具有激励者沟通风格的大多数销售人员来说尤其困难。激励者依靠他们的能力来建立情感联系和关系,作为销售谈判的筹码。

因为这些销售人员非常善于利用关系,所以当一个陌生人加入谈判时,他们会立即失去所有筹码。更糟糕的是,这个陌生人通常是一个具有分析者风格的专业谈判者(他们的名字后面通常有一串首字母缩略词)。此类人是激励者风格销售人员的克星。

谈判时,分析者没有表现出什么情绪,也不会被销售人员试图建立的联系所左右。分析者放松、自信、有条不紊,专注于事实和数字。在另一种形式的伺机反击中，他们缓慢但肯定地让销售人员筋疲力尽，耗尽他们的谈判筹码，同时也没有做出真正的让步。销售人员会逐渐沮丧、情绪化，然后被碾压。

被迫掉入采购陷阱很糟糕。它是丧失人性的，剥夺了你的自尊。这就是为什么在销售过程开始时，我会问这个问题："一旦我们达成一致，接下来会发生什么？"

如果这笔交易的最终谈判是采购，那么我想早点知道。这样我就能够对自己的下一步计划做出重要安排，并制定采购策略。

当新的利益相关者出现在谈判中时，你需要通过你的教练和执行发起人来获得这些人的资料。

当我和陌生人谈判时，我会利用我、我的执行发起人和采购之间的谈判三角关系。这种三角关系能够让我在采购中与陌生人硬碰硬，并利用我的执行发起人来支持我，消除采购的替代方案，以此来加强我的权力地位。

最重要的是，你必须知道你的权力地位。准备好用数学来做案例，建立紧密的价值桥梁，让你的商业案例替你说话。

共情和结果：双重过程方式

我们知道高效销售谈判是为你方团队赢得胜利和保持关系的一个过程，但目标不是关系。高效销售谈判的目标是为你们公司做一笔盈利的交易，并为你的客户带来价值。

别误会，关系很重要。我只想非常明确地告诉你，你的目标是达成一笔好交易。忘记这一目标的销售人员注定是平庸之才,因为他们擅长交友,而不擅长谈判。

陷入这一陷阱的销售人员通常在感知和回应他人情绪方面表现出色。他们招人喜欢,也渴望取悦大家,但他们搞砸了销售谈判,因为关系总是碍事。他们认为"双赢"等同于让谈判对方感到愉快。

因为他们无法控制自己需要受人喜欢、被人接受的破坏性情绪,他们把公司的利润和佣金交给这些非常乐意接受的"朋友"。他们渴望取悦利益相关者,这会让他们在谈判时脱轨。

在销售谈判中,你是去做交易的,而不是去交朋友的。你寻求的结果不是人际关系,而是为你的团队谈判获得最好的交易。

这并不意味着人际关系不重要。你不能在隔绝的环境中谈判,只关注你想要的以自我为中心的结果。

你不能忽视销售谈判中固有的人性和情感因素。你与利益相关者的关系越密切,越多的人喜欢你,你们就越有可能达成交易,保留客户,并使客户的终身价值最大化。

你不能撒谎,操纵、利用对方,或以令任何一方反感的方式进行谈判。你不能太执着于取胜,以至于错过妥协的机会;也不能拒绝别人,失去交易,破坏你们之间的关系。

销售情商与双重过程沟通

销售谈判大师已经开发出了高销售情商,即针对销售的情商。销售情商是一种平衡,即意识到并超越你的破坏性情绪,不受其影响,同时准确地感知、理解并适当地回应他人的情绪。

高效谈判者利用销售情商来平衡人际关系投入,以实现为团队取胜的主要目标。这是一个对利益相关者的立场感同身受和追求结果的双重过程。

F. 斯科特·菲茨杰拉德(F.Scott Fitzgerald)说:"测试一流智力的方式是同时记住两个完全不同的想法,同时还能保持其发挥作用的能力。"双重过程是站在利益相关者的立场上,从他们的角度(共情)看待事情,同时专注于你的谈判目标——为你的团队取胜。

对销售人员来说,这是最困难的情感挑战之一。

- 这不是不惜一切代价取悦你的买方——认为你要么支持要么反对你的利益相关者。
- 这也不是自恋型操纵者冷酷、刻意的做法——专注于在最短的时间内,用最少的情感投入,在利益相关者处获取尽可能多的利益。

我们都有共情能力,也就是理解他人情绪的能力。

- 除了情绪自控,共情是销售谈判中的一项元技能。
- 共情能力是指站在利益相关者的立场上,从他们的角度体验情绪的能力。它能让你认同利益相关者的感受和动机。
- 共情能力能让你洞察谈判各方的观点。

从这个角度来看,高效谈判者可以从销售谈判中的情感熔炉中后退一步,找到达成谈判结果的独特途径,同时仍然保护他们的利润和工资。

如果使用得当,共情能力就可以让你避免有意伤害他人,并帮助你意识到一个行动或让步可能会造成的怨恨和蔑视。

然而，共情能力也可能成为一种破坏性情绪。如果它导致你出于渴望取悦他人而损失惨重，或者（更糟糕的是）将你的投资能力告诉买方，那么在谈判中你会付出高昂的代价。

影射问题

几年前，我和妻子买下了我们梦想中的家。那栋房子周围有一大片农田，而这正是我们一直想要的。我们心里都清楚，这将是我们买的最后一栋房子，也是我们要度过余生的地方。

但这栋房子必须要彻底改造。这是项非常巨大的工程，承包商估计需要 18 个月我们才能搬进去。

这些年来，我和妻子已经改造了 11 栋房子。每次改造，我们的预算都很紧张。因为不能超出预算，所以在每次改造过程中都有所妥协。但这一次，我们有足够的预算来改造我们想要的家。我们向自己保证不会走捷径，也不会妥协。我们计划一定要把这件事做好。

几个月之后，我们终于完成了浴室的改造，该为淋浴间订购玻璃门了。玻璃公司的代表来家里会见我们，我们详细说明了我们想要什么样的门。他收集了测量数据，做了笔记。

最后是我们的主卧卫生间。同样，他收集了测量数据，开始写订单。这时，他脸上掠过一丝担忧，还摇了摇头，然后抬头说："所有这些定制产品都非常昂贵。你们确定不用我们的标准门吗？可以为你们省下一大笔钱呢。"

"那是多少呢？"我问他。

"至少 20%，可能更多。"他回答，仍然在摇头。

显然，他并没有注意到我们新改建的浴室墙壁和地板上刚刚铺设了价值三万多美元的进口大理石。他没有向上销售①，提供更多的产品，而是向下谈判，把他的消费能力影射到我们身上，而没有关注我们的消费能力。

影射问题对销售人员来说太普遍了，会让你在销售谈判中付出高昂的代价。与自己的消费能力谈判时，你通常会为价格道歉，不经询问就做出让步，并为你的买方决定他们能承受的价格。

共情能力量表

每个人都有独特的共情能力。对某些人来说，共情很容易，对另一些人来说，却需要有意的努力。

比如，我妻子就有很强的共情能力，她不需要努力去感受别人的感受。而我天生以自我为中心。因此，我必须有意识地努力保持对自己情感盲点的意识，并有意识地努力共情。

共情能力大多是与生俱来的，是基因决定的，所以我们需要对自己坦诚，知道自己是如何看待这个世界的。尽管你无法改变自己天生的共情能力，但你可以克服它，选择亲近他人的方式。

你是像我妻子一样更关注他人，还是像我一样更关注自己？大多数人都处于共情能力的中间水平——以自我为中心的人群为 3 和 4，以他人为中心的人群为 6 和 7（见图 6-2）。

---

① 向上销售指根据既有客户过去的消费喜好，提供更高价值的产品或服务，刺激客户做更多的消费。——译者注

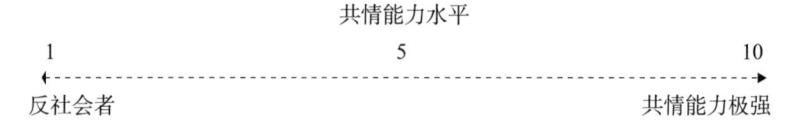

```
共情能力水平
1              5                    10
←─────────────────────────→
反社会者                    共情能力极强
```

图 6–2　共情能力量表

有一个方法可以了解你的共情能力水平，即你倾向于如何解释他人的行为、沟通方式和情绪。快速判断极大地显露了你对他们情感的敏感度。人们倾向于用两种方式来解释他人的行为。

- 情境所致：看到一个生气的人时，你觉得他/她今天过得不好或经历了困难的情况。
- 性格所致：看到一个愤怒的人时，你觉得他/她的潜在性格是原因，随后给那个人贴上"混蛋"或"没品"的标签。

用情境归因解释人类行为的人，往往比那些依赖性格归因和标签的人更能感同身受。

有意为之

掌握双重过程的第一步是意识到你在共情能力量表中的位置。换句话说，要有效了解他人的情绪，你必须要善于调节自己的情绪，承认自己的盲点。下一步是克服你的基因影响，选择你想做的事情。

- 有意共情：如果你像我一样更看重结果，你就必须有意地专注于倾听、耐心、细微差别，并感受他人的感受。
- 有意结果驱动：如果你有更强的共情能力，你就必须有意避免影射，要自信地要求你想要的，并签订协议。

共情能力水平较低的人往往更擅长直接要求他们想要的，并确定承诺,但他们不擅长倾听,不耐烦,以自我为中心。

如果该描述符合你,那么在进入销售谈判之前,你必须有意识地决定在与利益相关者互动时要关注他人的感受和利益。你必须有意识地选择:

- 用你所有的感官(耳朵、眼睛和直觉)倾听利益相关者;
- 给予利益相关者你全部的关注;
- 努力从他们的角度看待事物;
- 关心他们的感受;
- 找到解决障碍的共识。

处于共情能力量表顶端的人往往更善于倾听、理解,与其他人建立联系。然而,他们在情感上很难面对冲突,他们很难自信地解释自己的立场,要求他们想要的并签订协议。

如果上述描述符合你的特点,你就必须提前为销售谈判做好准备,并有意识地决定如何捍卫你的立场以及你的要求。你必须有意识地选择:

- 提前制定目标结果,并通过设定议程自信地控制对话;
- 避免影射;
- 知道自己想要什么,并提出要求;
- 练习清楚地表达观点和坚持自己的立场;
- 表现出放松和坚定自信——即便你的感觉是相反的。

善于利用共情能力和结果的双重过程的销售人员是谈判时管理其破坏性情绪的大师。他们善解人意、理解他人,在情感层面与利益相关者建立联系,在人际关系中投入大量精力。然而,他们脱离了需要被喜欢的自我中心，这样他们才能成功地达成盈利的交易，为他们的团队赢取胜利。

> **你的共情能力水平如何？**
>
> 用以下免费测试来评估你的共情能力：
> http: //greatergood.berkeley.edu/quizzes/take_quiz/14
> https: //psychology-tools.com/empathy-quotient/

七个有效倾听的妙招

从策略层面上讲，销售谈判就如同筹码明了的博弈，但从技巧层面上看，却又像纸牌游戏——双方不露声色地掩藏各自的万般心思，掩盖其真正的实力，或虚张声势，小心谨慎地握着自己的筹码。

要想使手中的筹码利益最大化，最有效的方法就是保持倾听，闭上嘴巴。

倾听能助你与他人建立起情感联系。你倾听得越多，你的客户与你的联系就越密切。随着这种情感联系的逐步加深，客户对你的信任也愈深，心理防备也就随之松懈。客户卸下心理防备之后，愿意说的也就变多了，说得越多，透露的信息也就越多——这能使你透过表面看清他们真正的筹码。倾听是高效销售谈判者得以大展身手的妙招。

现如今，倾听仍是销售谈判中最不受重视和最少应用的一项技巧。很多消息闭塞的销售人员认为"说"才是掌控谈判的关键。他们不是在倾听,而是在构思如何将他们的计划表达给客户,使得对方赞成他们的立场。

在谈判桌上与利益相关者进行互动时,倾听是最薄弱的一个环节。我们不善倾听,是因为倾听本身具有一定难度。倾听需要有共情力、认知焦点,以及有意识地努力控制以自我为中心、打断或说服他人的欲望。

有效的倾听是一种主动理解买方所表达的信息的能力,同时让他们感受到你的关注、兴趣、关心。这需要你能控制破坏性情绪,具有共情力,并避免打断他人。

倾听是为了理解,而不是为了回应。在销售谈判桌上,有七个有效倾听的妙招。

做足准备

你或许已经注意到,"准备"是本书不断提及的话题。这是因为做好准备能助你胜出。在开始所有销售谈判对话之前,请明确你的目标和议程安排,并准备好你要问的问题,以弄清客户的顾虑与需求所在。做好准备,去适应利益相关者中意的沟通方式。

有意为之

专心致志地"听"。做一个好的倾听者,以他人为中心,把注意力完全集中在与你交谈的人身上。真正做到感兴趣是一种有意为之的行为。留心任何妨碍你有效倾听的破坏性情绪,并坚决克服。

集中注意力

沉浸到对话中去,不要走神。集中注意力,把100%的注意力放在对方身上。当你无法专注于与你交谈的人时,你将很快让他们感到意兴阑珊,且破坏你们之间的情感联系。

控制注意力

如今,在苛刻的工作环境下,人很容易分心。我们时常会查阅自己的电子设备,来电会打断对话,电子邮件、短信以及社交媒体都会分散我们的注意力。

如果你曾体验过与你交谈的人的目光看向别处、被一些人和事分散注意力,或因回复短信、电子邮件而中断与你的交谈,那么你应该能理解这些行为会让人感到多么不受尊重。

在交谈时,当你认为对方心不在焉时,你会感到不快,会觉得自己无关紧要,接着就会生气。试想,若买家有上述想法和情绪,想要在谈判中达成共识会是一件多么困难的事情。

当你与利益相关者进行销售谈判时,集中你的注意力,沉浸到交谈中去。把其他事情抛到一边,做到完全的专注,别因任何事分心。把电子设备调至静音,从而不受"哔哔""叮叮""嗡嗡"之类的声音影响。一旦犯下目光飘忽的错误,你就不仅会搞砸一场谈话,还会冒犯到与你交谈的人。

上述状况在视频电话中尤为明显。因为利益相关者并不清楚你所处的环境,所以会往最坏的情况想——认为你对他们不感兴趣。当面对面交谈时,要保持目光交流。当你打电话的时候,把你的眼睛从纸张和屏幕上移开，这样你就可以避免同时处理多项任务的诱惑。

控制你的眼睛不要四处看，能让你保持注意力集中，即使是在打电话时也是如此，因为你的目光所及便是注意力所在。

主动倾听

主动地"听"是一系列动作，能切实地证明你在认真倾听。这一系列动作包括眼神交流、以言语反馈和肢体语言来表达对他人的赞许、总结和复述你听到的东西，以及稍做停顿后再开口说话。因为你的倾听，利益相关者会愿意说更多，不停地说。他们说得越多，透露的信息也就越多。

总结、复述和提出与谈话相关的后续问题表明你正在集中注意力。当你对客户提及的某些内容感兴趣时，点头、微笑以示赞许、身体向前倾等行为都能证明你的投入。

深度倾听

人与人之间的交流不止于言语。要做到真正地倾听他人，你必须用上所有的感官——眼睛、耳朵和直觉。这便是深度倾听。

当你运用感官去感知完整的信息时，你就有机会分析客户在谈话中情感上的细微差别。你应当像倾听时一样，观察对方的肢体语言和面部表情。你不必精于解读肢体语言以明察线索，你只需留心观察，留心客户在情感上的细微差别。

关注客户的语气、语调和语速。注意他们言辞背后的含义，留心言语和非言语的情感暗示。利用这些暗示信息来进行自我调整，以适应客户中意的沟通方式。

当利益相关者通过面部表情、肢体语言、语调或言辞来表达他们的情绪时，你需要剖析他们的重点所在，或者他们还没有言明之事。每当你察觉到某些情感暗示，便应提出后续的问题来证明你的猜测。这可能有助于你窥见客户手中的筹码。

在客户谈论他们自身时，与他们建立情感联系，让他们保持投入，使他们感到受重视是很容易做到的。这也为你接下来的提问奠定了基础，鼓励你的客户更多地谈论他们的重点所在——促进自我表露循环的形成。

说话前稍做停顿

注意，不要让你的想法脱口而出，打断对方说话。稍做停顿，默数至三再开口，为对方说话留出空间，从而激活自我表露循环。

激活自我表露循环

你讲故事，我讲故事，你的利益相关者也讲故事。这是人类天性，是我们交流的方式。在对话时，人们不会像陈列重点一样把事情一件件说出来。

我们讲故事的目的是让人理解。而且，当我们讲述自己的故事时，我们会感受到自己的重要性。当你用心倾听时，就是在鼓励利益相关者扩充他们的故事，甚至讲得更多。

但是当别人告诉你他的故事时，你要留心自己的情绪状态。如果你的思绪飘忽,感觉有种冲动想要站出来发表自己的观点,并且觉得自己不重要——这就是萌生了破坏性情绪。

利益相关者讲故事的目的是为了被人理解。通过这些故事,你可以洞悉顾客的情绪、谈判策略,并想出备选方案。

但相比之下,你更希望他们列举出重点,因为这样更便于沟通。你也想让他们说得快一些,让他们回归正题,这样你才可以重新与之谈判。

你要抵制这种破坏性情绪。你的顾客想要倾诉,那就别打断他们。记住,在他们的故事里,有助于你窥见他们手中的筹码的线索,以及与之达成共识的途径。

哈佛大学研究员戴安娜·塔米尔(Diana Tamir)和杰森·米切尔(Jason Mitchell)发现,人们在讲故事和自我表露时,会产生一种神经化学物质。在这项引人注目的研究中,两名被试获得谈论或夸耀自己的机会,同时,研究员会通过高能3D磁共振成像(MRI)扫描观察他们的大脑活动。

研究证明,被试在谈论自己的时候,体内会产生少量的多巴胺,循环也随之形成。每一次表露个人信息、每一次夸耀、每一个想法,都会促使身体产生少量多巴胺,进而使其更多地自我表露。为何交谈会使闲聊迅速升级成信息过量,这就是原因所在。

你在派对、家庭聚会甚至酒吧里与陌生人交谈时,随处可见这种由多巴胺促成的自我表露循环。对方告诉你一些关于他们的事情,你认真倾听,然后他们会说得越来越多,直到突然达到信息过量的范畴。你将备感疑惑——他们会告诉你一些非常隐私的事情。

对他们来说,自我表露的感觉良好。即使他们意识到有些事情不应该告诉你,但还是忍不住去倾诉,这是多巴胺在作祟。对于专业销售人员来说,学习如何激活这种自我表露循环,是有效收集和发掘信息的秘诀之一。

激活自我表露循环的五个步骤

激活自我表露循环是销售谈判对话中的一种强大的策略。掌握这一策略后,你便可轻松洞悉利益相关者手中的筹码——这将在谈判时给予你显著的优势。激活自我表露循环共分为以下五个步骤。

- 以简单、开放式的问题开启对话,让对方开口。
- 使用积极主动的倾听技巧,鼓励他们多说。
- 避免打断你的利益相关者或匆忙插话,也不要评价他们。
- 说话前停顿三到五秒钟,让利益相关者来填补空缺。这一点尤为重要,因为一旦你开始发言,自我表露循环便被打破了,利益相关者也随之失去兴致。
- 一旦循环形成,利益相关者开始自我表露,你便要深入倾听,并围绕这些自我表露提出后续问题。

能否激活自我表露循环,取决于你把握当下的能力。你的提问必须有机地建立在对话的基础上,且与话题相关,具有交谈性,并重视情绪的变动。

在对话开始阶段提出易于回答的开放式问题,是激活利益相关者自我表露循环的关键。你必须让利益相关者随心所欲地倾诉,顺其自然地展开对话。销售人员应当利用双重过程的方法来保持对话的有机性,并让对话自然展开。不能为了尽快得到结果,提出一个又一个拷问式的问题——销售人员经常这么干。

不要打断他人

有一种行为一定会打破自我表露循环：脱口说出你的下一个问题或陈述，或者更甚——评价利益相关者。这会让利益相关者觉得你不是在倾听，而是在对他们评头论足。

很显然，你的倾听不是为了理解，而是在为你接下来的表述做铺垫。当你感觉到对方已经说完的时候，稍做停顿，默数三秒。

开口前的停顿可以为他人完成发言留下空间，防止你打断他们未说完的话语。你会发现，这片刻的沉默通常会促使利益相关者继续交谈，并透露他们没有言明的重要信息。沉默就如磁铁一般，把对方吸过来，并使他们隐藏的东西浮出水面。

影响力的由来

在销售谈判桌上，你的影响力源于你听到了多少，而不是你说了多少。这正是倾听作为谈判中最重要的一个技巧的原因。

倾听能：

- 让你看穿情绪化的表面现象；
- 揭秘买方"扑克脸"后所藏；
- 以共同点为契机，为达成共识铺路；
- 感同身受，站在买方的立场上，构建价值桥梁；
- 使你明白应当给予什么和索取什么。

当你学会在销售谈判中有效地沟通时，你会少犯错误，减少因误会造成的时间浪费，拥有更大的影响力吸引买家，使他们变成你的拥护者，以更高的价格和更好的条件轻松达成更多的交易。

第 7 章

销售谈判对话框架

销售谈判技巧模型 ™

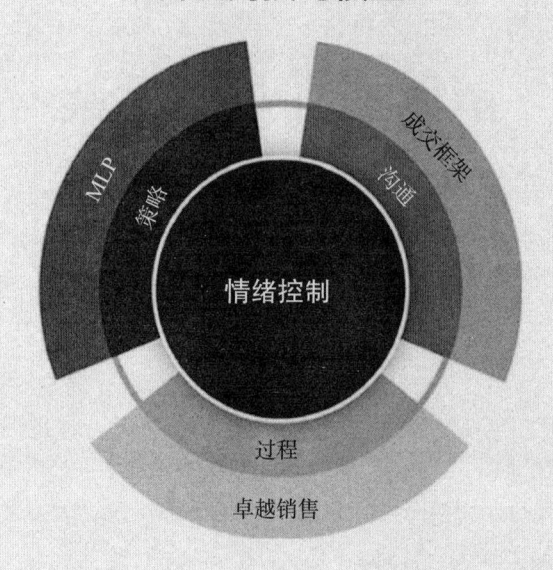

- MLP
- 策略
- 成交框架
- 沟通
- 情绪控制
- 过程
- 卓越销售

第 7 章　销售谈判对话框架

占据一席之地

回顾一下目前为止我们已掌握的有关销售谈判的知识。

- 销售谈判与其他形式的谈判不同。
- 掌握与销售相关的谈判技巧对你大有裨益。
- 你必须先胜出，然后再谈判。
- 在利益相关者没有暗示或明示你是他们的交易首选（VOC）时，你若做出让步，那么你相当于在和自己谈判。
- 销售谈判是为了让你的团队胜出，同时使矛盾最小化；在销售过程中，人际关系非常重要。
- 动机、影响力和权力地位共同构成销售谈判的大背景。
- 通常来说，相比卖方，买方一开始就处于更高的权力地位。
- 影响力使你能够影响买方的行为；永远不要将自己的影响力拱手相让。
- 谈判桌上的权力大小取决于备选方案的多少。
- 卓越的销售成效和有效的发现可以提高你的权力地位。
- 你必须控制自己的情绪，以掌控整场销售谈判。
- 你越想达成一笔交易，需要为之付出的就越多。
- 完备的谈判流程会降低你做出让步的欲望，并赋予你更强的情绪自控力。
- 在每一场销售谈判谈话中,情绪控制力越强的人越有可能达成他们想要的结果。
- 情绪会传染,人们会以同样的方式做出反应。
- 放松和自信使你处于最强大的谈判地位。
- 做好销售谈判计划,可以使你在心理上和情绪上做足准备,从而在谈判桌上获得优势。
- 在销售谈判桌上,你的影响力源于你听到了什么,而不是你说了什么。

现在,我们要坐到谈判桌旁,开始销售谈判对话了。

销售谈判对话框架

现如今,买方几乎总是拥有更多选择权、更高的权力地位,且接受过更好的谈判训练。若你没有计划和框架做指导,很容易会:

- 失去对话的控制权,受买方操控;
- 变得不耐烦或惶恐,以至于过早做出让步或超过交易所需的让步;
- 当你受到欺压或摆布时,会变得心绪不宁,感到无所适从;
- 被情绪所支配,无法控制自己的情绪、有意识地选择自己的反应;
- 弄错需要协商的问题;
- 做出巨大的让步,却未从买方处获得等值或更大的好处;
- 屈从于买方的把戏。

在前几章里,我们探讨了策略、计划准备和沟通原则。你需要制订计划,因为销售谈判中,张口就来是愚蠢之举。但是,销售谈判计划很少能一次性实现,因为不可控因素非常多,正如战场上风云变幻,大多

第 7 章 销售谈判对话框架

数作战计划最终都会有所变动。

这就是为什么你还必须构建一个战术性框架,来指导实际谈判对话,以保持敏锐、灵活和把控感,按计划实现你的目标。

销售谈判对话框架共分为四个步骤(见图 7–1)。

图 7–1 销售谈判对话框架

1. **发现**。在谈判桌上明察买方的问题、期望、顾虑和感知到的选择。接着,在寻找共同点时,弄清买方的问题。

2. **解释**。通过构建一个价值桥梁,建立起你的提议与利益相关者预期业务成果和度量标准之间的联系,来阐明你的提议的价值。

3. **结盟**。执行你的给予–索取清单,做出适当的让步,直到与利益相关者达成共识。

4. **缔约**。要求买方对在"结盟"步骤中达成的协议做出明确承诺,最后成功缔约。

虽说在简单的情况和条件下，该框架可以呈线性展开，但在大多数销售谈判中，它的发展往往是一个循环的进程，而不是一个线性进程。

在情形复杂的谈判中，你可能会在多个问题上反复运用该框架，每次达成一个协议。在其他情况下，你会在表明立场、构建价值桥梁和达成共识之间来回切换。

善用销售谈判对话框架，无论买家向你提出什么，你都能按计划行事。它能让你迅速变得思维敏锐，轻松适应环境，而不会把你局限在一个千篇一律的模式里。它能指导销售协商对话，并使你朝着达成协商结果的共识稳步前进。

发现问题

谈判时，在表明你的立场前，发现买方的问题并明确和弄清这些问题，是销售谈判对话框架中"探索"步骤的目的所在。完成此步骤的关键在于保持观察和倾听，并闭上嘴巴。

如上所述，该框架是一个简洁明了的四步流程：

- 买方表明其立场；
- 你表明自己的立场；
- 在达成共识前，与买方周旋，商定取舍；
- 双方握手，缔约成功。

如果在现实中，上述过程能顺利地进行，那是十分可喜的。但这很难实现，因为买家不会一直遵守规则。不是所有买家都会将自己的立场表达清楚，他们的出发点也不是与你达成合作和共识；相反，他们会直截了当、不留情面地提出要求，想让你做出让步。他们会：

- 要求你降低价格；
- 要求你更改条款和条件；
- 索要免费的物品；
- 说一些类似于"我们不接受这么高的报价""我们不会签署五年期合同""你的竞争对手报价比你低得多"的话；
- 把所有的交易备选对象都告诉你；
- 贬低你的提议和业务成果计划的价值；
- 从你的商业方案产品或服务里挑刺；
- 告诉你，你没有任何优势，与你的竞争对手毫无二致；
- 向你抱怨，说他们没有足够的预算；
- 指出你的公司在网上不好的评价。

精明的买家会把对他们有利的事情摆到明面上说，使用所有他们认为能提高其权力地位、为其赢得团队获胜优势的策略。

"探索"步骤为你提供了必要的空间，以控制情绪、耐心提问以弄清利益相关者的立场，以便你找到共同点并弄清必须协商的问题。

买家已经学习了谈判技巧和基本的人类心理学，掌握了销售人员在谈判桌上的惯用伎俩，也懂得如何刺激他们的情绪、把控协商对话，将他们玩弄于股掌之中。

看清了买家的把戏，并意识到这些计策都是针对你的之后，你就能避免成为被玩弄的倒霉蛋，把控协商对话。

恃强凌弱

一些买家会试图欺压你,迫使你快速做出让步。他们会向你提出严苛的要求,采取极端的立场。他们可能会欺负你老实,试图以咄咄逼人的姿态胁迫你,或者用火急火燎的语速和严厉的语气压迫你。

这种策略最常见于买方总监级别的人物。对于在高压下容易屈服、急切的销售人员和同理心较强的销售人员来说,这一招十分奏效,因为他们会把这视作一种攻击行为。

买方的这种行为会动摇你的信心,让你心神不宁。如果你更注重结果而非他人的感受,你就会想要捍卫自己的立场,进而引起争论。无论是哪种情况,一旦你受到欺压,你就会容易丧失情绪自律,败给买家,进而失去对话的掌控权。

应对这种欺压式策略,最有效的方法就是无视它,对它置若罔闻。以不以为意的表现来回应——放松、坚定且自信。一旦买家发现这个策略不起作用,他们就会调整自己的行为,以同样的方式对待你。

激发你的责任感

一些买家会对你使用花言巧语,沟通风格积极亢进的买家最擅长运用这种技巧。他们会告诉你,他们多么地喜欢你,并给予你赞美,称赞你的表现,与你说笑。一旦他们和你建立了情感联系,他们就会缠住你,要求你做出让步来"帮助他们"(就像你对朋友那样)。

受人重视的渴求,是人类难填的欲壑。《影响力》(*Influence*)一书的作者罗伯特·B. 西奥迪尼(Robert B.Cialdini)说:"在我们身边,最强大的影响力武器之一就是互惠法则。互惠法则使我们试着以同样的方式回报他人,做出等值的回馈。"

用外行的话来说,互惠法则就是当别人给予你某样东西时——比如在销售谈判伊始,真诚地赞美你——你会觉得有义务回报他们。当你觉得自己受到了买方的重视时,你的潜意识就会产生一种责任感,进而提高你早早做出让步且不求回报的可能性。

这种责任感和回报他人的想法,深深地烙刻在人类的灵魂里。它与我们的情绪紧密相连,以至于我们很容易受到影响,被人戏耍。最有效的应对方法是做足准备,制定你的销售谈判导图(sales negotiation map,SNM)。销售谈判导图能在你可能做出让步的周围竖起一层护栏。当导图与你的给予–索取清单相结合使用时,你就能避免做出不必要的让步。

好在互惠法则的作用是双向的。若你言行友善、待人尊重、替人着想,并且诚恳地倾听利益相关者的意见,利益相关者就会觉得他们受到了重视,他们也会想要回报你——这就增加了双方达成共识的可能性。

触发你的同情心

有些买家特别擅长触发你的同情心。"我处境艰难,跟你诉诉苦",再加上一句恭维你的话,以激发你的责任感,给予他们回馈。

他们会告诉你所有的难处,以及他们不能接受现有条件的原因,并请求你放宽条件帮他们一把,或宽限他们,等到他们获得足够的预算。

有时候,做出让步也许是对的。但通常情况下,让步之后你会心生不满,因为你的同情很少能换来更多的交易和买家的诚心。

对于同理心强、急于推销商品的销售人员来说,这一招非常奏效。

当你和这些买家合作时,要坚定自己的立场,毫不动摇,不要让他们的问题成为你的问题。坚持执行你的计划,让他们专注于你能带来的价值。如果他们还是无法承担你的报价,那就算了吧——你一开始就不应该参与这笔低廉的交易。

引发你的愧疚感

买家有时会试图引发你的愧疚感,从而使你做出让步。他们可能会指出你犯的错误或其他过失,并以此为筹码,迫使你做出让步来弥补错误。

一些买家,尤其是那些采购部门人员,会使用阴招。他们会说:

> 我们真的很欣赏你,但你的上司(或其他团队成员)惹恼了我们的团队成员,他的语气和沟通方式冒犯了我们团队中的一些人,差点使你被排除于对价程序之外。不过,我真的很欣赏你,想给你一次机会。但我需要你再考虑下我的报价,这样我们才能继续与你协商。

我曾见过一些销售人员(尤其是那些以达成共识为出发点的销售人员)在听到上述言辞时惊慌失措,然后只想做些什么来补偿买家。但这只是买家的把戏,他们利用愧疚感,使那些容易受到情绪操控的销售人员做出让步。

最好的抵御愧疚感的方法是无视它们,并坚持你的销售谈判计划。这具有挑战性,因为这种方法太过情绪化。但若想抵御愧疚感带来的影响,这是唯一有效的方法。

如果因为某些你防不胜防的原因导致谈判失败,那就顺其自然吧。

相信我，你绝不想和这样的团队长期合作。

"胡萝卜陷阱"与错失恐惧症

对销售人员来说，"胡萝卜陷阱"是最常见的情感诱惑之一。和大多数销售人员一样，这个计策让我也难以招架。当一个看似诚恳的买家说出这样的话时，你很难控制自己的情绪。

> 我们真的很欣赏你，明年我们会有一些大的项目，我们很乐意与你合作。我们希望这次你能给我们一个优惠价，这样我们也可以更好地了解你，把你介绍给公司的其他同事认识。

此外，也有买家会利用错失恐惧症（the fear of missing out，FOMO）心理来对付你。错失恐惧症，即"害怕错过有趣的人和事"。他们会向你透露一些内部消息，比如大幅度的预算增加，新的部门、新的市场，或者一些大的变化——所有这些都给了你达成更多交易的机会。他们会暗示你，只要你掌握了内部消息，你极有可能抓住此次机遇。

这些把戏万变不离其宗：这次给我们一个优惠的价格（让我们试销、试用、试样），以后我们会跟你做更多的交易。

有意思的是，买家从未兑现过他们的承诺。如果你真的在价格上做了最初的让步（只为了开启长期合作的大门），在未来签订合同时，想再提高价格是非常困难的。

"胡萝卜陷阱"会浇灭你达成大交易的梦想。应对这种策略，最有效的方法就是清醒地意识到，摆在你面前的很可能不是胡萝卜，而是一条伴着腥臭味的红鲱鱼。你应不予理会，不要上当。

但若你觉得买家的承诺是真实可靠的，那就利用现有优势或做出让步来争取书面协议。

破坏性情绪会以排山倒海之势袭击你

不论在销售谈判初期买家如何与你套近乎，随后的破坏性情绪都会以排山倒海之势袭击你。就像你的肚子被人打了一拳，大脑死机，无言以对，一切都脱离了你的控制。在这种状态下，你可能会有四种反应：还价、屈服、反击、澄清。

还价

当你被"锚点"束缚时（买家改变协商锚点，给价远远低于你的报价），你的第一反应通常是在下列情况出现前就快速还价：

1. 弄清买家开价过低的原因；
2. 摆脱"锚点"；
3. 说明你的立场；
4. 思考你做出让步后可能出现的意外后果；
5. 索要等值或更高的回报。

你未经思考就做出了反应。在大多数情况下，你会过早做出大量不必要的让步，耗费大量的时间。反应式还价最有可能发生在你没有制订销售谈判计划且提前执行设想方案时。

屈服

此时此刻，放弃或屈服可能会让你更好受些。你试图通过屈服：

- 避免冲突；

第 7 章 销售谈判对话框架

- 取悦利益相关者并得到利益相关者的支持；
- 快速、轻松地达成这笔交易。

很不幸，许多销售人员，尤其是那些只求佣金到手的销售人员，在谈判没进行多久时就退缩了。他们放弃了自己的优势，只能拿到最低的薪酬。买家要什么，他们就给什么。

在三周前，我的一位学员在电话里谈生意时，就做出了上述举动——他在对话的前 30 秒就放弃了全部的谈判筹码。

买家：我真的很想和你合作，但是你的报价太高了。你的竞争对手跟你提供完全一样的商品，可报价比你低 2 万美元。你觉得你的报价合理吗？

我（心想）：第一，如果你说的是真的，那你为什么还要跟我们谈？第二，这完全是在胡说八道，因为竞争对手提供的商品与我们的商品毫无可比性。

我的学员（低声下气）：我真的很想跟您做这笔生意。我最多可以给您优惠 8000 美元，您看怎么样？

我（在心底咆哮）：你在说什么！！！

买家：嗯，很好，但我知道还能再优惠一点。

我的学员：我做不了主，这得问一问我们经理。您稍等一下，我给经理打个电话。

（我无奈地以头撞墙）

我的学员：好消息！我们经理说可以再给您优惠 5000 美元，那就一共优惠了 13 000 美元，您觉得如何？

买家：很好，成交。什么时候开始工作？

如果这段故事不是真的就好了，但这真实地发生在每一天的销售谈判中。有些销售人员甚至不想谈判就屈服和让步了。

反击

买家的做法可能会让你觉得受到了攻击，你会想要反驳并捍卫你的立场。他们想叫你让步，这惹怒了你。你觉得受到了侮辱——在谈判前，你考虑周全，面面俱到，才想出了这样一个商业方案来解决他们的问题，他们还这样对你。

在满腹牢骚时，你可能想让他们赶紧滚蛋，连生意都不想谈了，或者是把你的选择直接甩到他们脸上，说："你不想这么做？随便，反正有大把人等着跟我谈生意！"

此时此刻，你很容易将你的利益相关者视为对手，试图在较量中占上风。尤其是那些同理心弱的销售人员，他们的第一反应通常是极力反驳，"不，这是不可能的"——做出反击，开始争论。

我们在电影或电视剧里看到的谈判场面——主人公几乎总是在争论中达成协议。他们寸步不让，据理力争，直到对方屈服。我们对此喜闻乐见，因为看着主人公掌控全场并获胜的感觉很棒。

然而，在谈判时这么做并非高明之举。争论会破坏关系、招致怨愤和不满。若你把利益相关者视为想要打败的对手，谈判就变成了竞争，而非合作。

争论是行不通的。一个人类行为的基本事实是，你无法通过争论让别人觉得他们错了。你越是与他们争论，他们就越会固执己见，抵触你。

这种现象被称为心理抵触。在与人争论或被剥夺选择权时，人类会有一种反抗的倾向，这是可以预见的。当有人说你错了，你会迅速做出情绪化的回应（即使你真的错了）："是吗？那我就错给你看！"

心理抵触会释放人内心的顽劣。不管你的辩论、信息或事实多符合逻辑，与你争论的人都不会突然改变主意而认同你。他们变得固执、不讲道理且执拗。

当你萌生抵触情绪时，你就把利益相关者推远了，而没有把他们拉向你。此时你再试图表明你的立场，他们就听不进去了。

压制、对抗、反驳和争论都是行不通的——不但无法达成一致和共识，反而令双方产生敌意、愤怒和挫败感。因此，你应该避免说"不"，并专注于弄清情况，然后部署计划来寻找前进的道路。

澄清

有一种更好的抵御方法，就是当买家强烈要求你做出让步时，你必须停下来，然后扭转局面——提出开放式问题，让他们说出他们的问题清单，从而获得对话控制权。

慢下来，控制你的情绪。在要求对方让步之前，先耐心地把一切考虑清楚，而不是一股脑地做出回应。

控制你的情绪并澄清问题。当利益相关者要求让步或表达顾虑时，他们的意思或要求并不一定明确。有时他们会用类似这种意思的表达："你的报价太高了——软件的价格合理，但我不确定安装软件的服务费是否物有所值。"

他们可能会说"我们不想签署为期五年的合同"，那他们的潜台词可能是"我们认为终止合同的条款过于繁琐、不够明晰"。

如果在弄清对方所思所想之前，你就开始谈判或做出让步，最终做出的可能是错误的让步（而且无法挽救），付出的代价也会超过达成协议的所需，最终的成果甚至可能比某一备选方案还差。

永远不要假设你弄清了利益相关者的意思，要读懂他们的潜台词。一旦你在不清楚背景信息时做假设，就可能会小题大做，或者弄错问题的所在。

不管买家如何与你谈判，你都要耐心地提问，让他们开口。问一些开放式的问题，比如：

- "您能告诉我您的目标吗？"
- "能再说详细一些吗？"
- "您想解决什么问题呢？"
- "对您来说最重要的是什么？"
- "对您来说，成功的交易是什么样的？"

陈述和停顿，是我最喜欢的方法之一，用于从买家那里获取信息。比如，我会说："哇，听起来这对您非常重要……"然后停下来，用沉默完成剩下的工作。

与开放式问题相反，封闭式问题只能得到简短、有限的回答，会给你一种把控对话的错觉。回答封闭式问题，不需要多少脑力劳动和情感回应。这样一来，利益相关者很容易对你隐瞒关键信息。

下面是一些有助于解读利益相关者潜台词的提问：

- "我很好奇。您说我们的报价太高，这是为什么呢？"
- "您能不能说一说，您为什么那么想删掉合同中的这项条款？"
- "您对用户培训成本有什么顾虑吗？"
- "您说我们为您调试产品的服务价格太高，为什么呢？"

- "您能告诉我您有什么顾虑吗？"

我最喜欢和最常用的两个问题是："为什么会这样呢？"和"您的意思是？"因为这两个问题能让利益相关者多说一些。

表明你的立场前，先把问题提取出来。 读懂了利益相关者的潜台词后，立刻把存在的问题提取出来。在表明你的立场之前，稍做停顿，确认一下需要提的问题是否都准备好了。你应该公开你的协商问题清单，这样才能弄清楚你需要处理哪些问题。

你只需停顿片刻，然后问一个明确的问题："您愿意与我们合作，当然要给您一个好价格。但除了价格之外，我们还需要协商些什么问题，好让合作顺利进行呢？"

像这样的提问，给买家谈判清单上的事项按照重要性排序标记出来。这样一来，销售谈判重点的范围就缩小了。

我之前说过这句话，现在我再说一次：达成共识的秘诀不在于你说了什么，而在于你听到了什么。倾听能助你找到成功的缔约之路，尤其在你成功激活买家自我表露循环时，它能让你看清真相，真正理解问题。

想要达成协议，最重要的是问清问题，认真倾听。通过提问和倾听，你能从买家身上获取信息，从而正确地构建价值桥梁，利用你的给予–索取清单，既满足他们的需求，又促使他们与你签约。

等待

去年冬天，我和一位潜在客户的法务律师谈判，商议双方长期培训协议的条款和条件。他修改了我们的知识产权条款——实质上，这是创造了一个"雇佣协议"。

他的言语间透露出一个信息：一旦我们把培训材料交给他们的员工，我们为他们做的全部工作（包括我们所有的培训材料），都将成为他们的知识产权。这一条款极其荒谬，而且毫无商量的余地。

他在这件事上的态度有点霸道，这让我很恼火。因此，我的破坏性情绪占据了上风，并做出了强硬的回应。我的反对引发了抵触情绪，我们的谈判随之演变成了争论——双方各执一词，谁也不肯让步。

突然，他提高了嗓门，对我喊道："我们只是想跟你谈生意，我不明白你为什么要这样对待我！"

他的情绪爆发引起了我的注意。突然间，我意识到，在倾听和弄清他的立场之前，我就表明了自己的立场。他认为我的回应是人身攻击。

在那一刻，我在心里问了自己一个问题："等等，我为什么要说话？"这可以帮助我控制自己的情绪，并在精神紧张的情况下闭上嘴巴，竖耳倾听。

这触发了一个简单的心理过程，帮我决定我的下一步行动：我是想在这场争辩中胜出、证明客户是错的，还是想达成这笔交易来挣钱？

我停了下来，停止争辩，放缓我的语气，对客户说："我向您道歉。我知道这对您来说很重要，所以我想麻烦您花一些时间来为我解释一下，您最顾虑的事情是什么？您想解决什么问题？"

他的语气也有所转变，并以同样缓和的语气回答我："我们这一行业竞争非常激烈。所以我们担心你们参与培训过程，在培训了我们的员工之后，将从我们这里学到的东西教给我们的竞争对手。"

顷刻间，我全都明白了。他心有顾虑，想求个心安，他真正想要的是一份独家许可，却不知该如何表达。因此，他才要求保留我们的知识产权。

我说："协议里已经包含了双方保密条款，可以维护贵公司的利益，并防止我们向其他公司泄露贵公司的信息。听起来，您所顾虑的是独家许可一事，放心，我们不会与贵公司的竞争者共事。"

"没错，你说对了，我们的顾虑就是这一点。"他的语气透露出了和解之意。

现在一切都好说了。其一，独家许可并不需要耗费任何东西，因为我们没有意向在该行业拓展其他业务，它并不是我们想要玩的沙盘游戏；其二，尽量避免高竞争行业中的利益冲突，已是我们不成文的规定。

因此，这种让步也被称为"虚假让步"——对买家来说意义重大，对卖家来说无关紧要。

在商定独家许可的过程中（虚假让步），我们成功签订了一份三年期而非一年期的培训协议，并增加了 25% 的收益，这让我们的实际收益翻了三倍。我们团队大获全胜，同时也给予了客户寻求的保护和心安。

利用 Ledge 技巧

若你在销售谈判一开始就被客户刁难，破解困局的关键就是不以为意地回应。不要以客户刁难你的方式去回应他们；相反，要用放松、坚定而自信的姿态回应——这是你在谈判桌上最强大的立场。

当你用不以为意的姿态应对刁难时，对方的阵脚就被打乱了，迫使他们向你靠近,并让你获得控制权。因为在精神紧张的状态下,我们一般很难控制自己的回应。利用强大的 Ledge 技巧能助你逆转局势。

以下是一些利用 Ledge 技巧的例子:

买家:"你的竞争对手报价比你低 20%。"

你:"我理解您的意思,也明白您有所顾虑的原因。没人愿意多花一分钱。"

买家:"我们很喜欢你的提议,但是我们不可能和你签订五年期的合同。"

你:"我明白您的意思。可以告诉我您的顾虑是什么吗?"

买家:"我们也想和你做生意,但是你的提议有点过了。"

你:"这可能是因为我们看待问题的角度不同。不如我们先停一停,看看能不能找到共同点?"

买家:"与我们合作的公司不收取服务费。你们怎么样才能不收取服务费呢?"

你:"看来您很看重这一点,因为您过去从未支付过服务费。"

买家:"我觉得我们的交易已经向成功迈进了一大步,但我希望你能帮帮我们,免费为我们提供员工入职培训服务。"

你:"我很高兴您对我们的入职培训服务予以肯定。这能帮助贵公司快速回收投资得利。"

用 Ledge 技巧来确保你听到并理解了他们所说的话。你不同意让步或妥协,也不会无视他们的顾虑、质疑他们的观点、评判他们的想法,或者与其争论。你只需简单地陈述或肯定:"我理解你,你这样想没关系。"

像这样的简单陈述给予你理性思考的时间,以追赶和控制你的破坏性情绪,也让你有时间思考和制订下一步计划——这就是"神奇的四分之一秒"。

这使双方都放慢了节奏。非批判性认同会让你的客户觉得你很乐意理解他们,这会吸引客户的注意力,并卸下他们的防备,让你得以站在他们的角度上,使协商谈话从敌对冲突转变为共同合作。

表明你的立场

销售谈判对话框架中的第一个步骤是提出问题,以发现和弄清客户群体或独立买家的谈判清单。你的目标是将阻碍双方缔约的一切因素摆到明面上,并弄清客户最看重的是什么。

一旦你弄清了你需要处理什么,下一步就是表明你所能提供的价值,进而表明你的立场,让买家的顾虑降到最低。一个特别的目标是打破对方对价格的短视关注。大部分谈判都以价格为中心,虽说价格是谈判游戏的入场券,却不是游戏本身。

真正的游戏是价值交易。也就是说,你和你的公司要为你们的潜在客户提供有价值的东西。

如果你的表述和提议在符合客户群体期望的业务成果的同时,能清楚地阐明交易价值,那你便有效地进行了销售过程。不过,只要你坐到谈判桌上,由于买家对价格的执着,价值的定义往往会被带偏。

事实上,你可能在谈判开始前 20 分钟的表述中就向客户介绍了你的商业方案。若他们欣然接受你的提议、解决方案和业务成果时,你可能会倾听他们的意见。当他们说想和你做生意时,你会欣喜不已。但谈判一开始,你就什么也想不起来了,只能直愣愣地看着对方。

客户全然忘了他们曾认可你的提议、相信你能提供的业务成果。他们忘记了最初是如何与你开始接洽的——因为他们现在的供应商没有兑现承诺。他们会直接对你说:"你的报价比我们的预期价格高出15%。"

这时你必须清楚你的实力、商业方案、度量标准,并知道如何表达这些东西来捍卫自己的立场。

价值 VS 价格

价值的计算,是一个基于可度量的业务成果(MBOs)和情感业务成果(EBOs)的简单方程式。MBOs可以用数学方法来阐释,而EBOs则需通过客户与不可度量的事情间的联系来阐释,例如他们是否心态平和,是否有时间做自己真正喜欢的事情。

价值交易,是你的潜在客户为实现你的提议所述的MBOs和EBOs所必须支付的价格。这一价值主张让你一开始就表明或暗示了你作为交易首选的原因。但买家在销售谈判时,会很有意思地遗忘这些内容。因此,做好再次阐释交易价值的准备,是你的职责所在。

构建价值桥梁是一个帮助买家理解价值交易的过程,即买家为获得价值所需付出的代价(金钱、条款和条件)。这就是投资回报,可用一个简单的等式来计算。

$$投资回报 = (MBOs+EBOs) - 价格$$

价值桥梁是数学与情感的结合。在价格和MBOs价值之间搭建价值桥梁,需使用买家看重的度量标准。当客户对你所提出的价值的成本(价格、条款、条件)提出质疑时,你必须做好快速盘算价值成本的准备,并向买家明白展示各成本要素之间的联系。

在价格与 EBOs 之间搭建价值桥梁的最有效方法,是通过让买家讲述他们的故事,使他们想起个人成功标准、面对过的挑战、经历过的痛苦和拥有过的机遇。在企业对企业的销售模式中,买家几乎总是花别人的钱来解决自身的问题。

让我们回到销售过程中的探索阶段,探索买家情感热点和个人成功标准。使用能激起客户情绪的词汇和短语——最典型的是与痛苦情绪相关的词汇,比如压力、忧虑、不安、猜疑、焦虑、恐惧、挫折和愤怒;然后使其内心感到平静、安全,给予他们选择权、希望和对美好未来的愿景,让他们压力更小、忧虑更少。

当你能自信地证明你的交易价值与价格间的关系,以及衍生出价值与交易条款和条件间的联系时,你就拥有了确保合同和价格的完整性以及避免折扣的能力。因此,回顾交易业务成果图并做好准备是至关重要的(见表 7–1)。

表 7–1　　　　　　　　　　业务成果图

业务成果图和重要的度量指标			
挑战	提议	相关的业务成果	重要的度量指标
1			
2			
3			
4			
5			

价格 VS 所有权总成本

工厂经理对安东尼摇了摇头，说："我不可能付这么多钱。你的报价比你的竞争对手每小时多出 2.75 美元。这也太多了！我还是和原来一样吧。"

安东尼闻言却不慌不忙——他知道，基思是一家家族制造企业的运营主管，很难理解自己提出的担保方案。于是安东尼打开手机里的计算器，开始计算。

"基思，你之前告诉我，今年你的生产线平均每个月减少了四次轮班，因为人力资源部招不到机器操作员。现在情况还是如此吗？"

基思点了点头。

"正如你所说，当轮班减少时，你每小时会损失 5400 美元。"安东尼在计算器中输入数字，"5400 美元乘以 8 小时，每次轮班损失 43 200 美元，一共四次轮班，那每月就损失 172 800 美元。即使他们每小时工资很低，你还是每个月多花了 173 000 美元。"安东尼稍做停顿，让基思听清楚这个数字。

"若按照我们的方案把每小时工资提高到 2.75 美元，那每个月就将比你如今多付 43 494 美元。但这些钱比你和那些人做生意所需的实际成本少得多。最重要的是，我们的合同能保证你们始终拥有足够的操作员，而且我们绝不会关停你们的生产线。"

基思想了一会，在脑子里又把有关事项又算了一遍。最终，谈判成功，基思与安东尼握手，成功缔约。

正如这个故事告诉我们的，在复杂的交易中，价格很少是单项构成的——既包括单价钱，也包括所有权总成本。换句话说，价格必须包括买家支付的单价和随着时间推移而消耗的相关经营成本。

通常,买家关注的是价格而不是所有权总成本。当有了障碍物,他们很难看到交易价值。因此,你需要清楚具体的数字,并准备好阐明你的方案中的所有权总成本和投资回报。

构建价值桥梁

出色的销售人员会自信、简明地证明自己的价值,然后为买家构建起个性化的价值桥梁。构建有效的价值桥梁,应遵循以下三个步骤。

1. 提醒买家注意的问题。从你在探索阶段中发现的问题(挑战、需求、苦恼、机遇)入手,并在你的提案中将这些问题表达清楚。通过向他们复述他们自己的故事来提醒他们所面临的问题。若你还能用具体数据来证明他们所面临的挑战,那就更是一个良策了。

2. 提醒买家之前已谈妥的款项——他们同意过的内容。在你的销售过程、展示、示例和最后陈述中,买家首肯了一些款项——你的产品或服务特色、你解决问题的建议,以及他们期望的业务成果。提醒他们,让他们回想起这些协议要点。

3. 搭起价值桥梁。打开你的计算器,给买家展示具体数字。通过预期的可度量业务成果,将这些数字与投资回报联系起来。使买家回想其重点所在,并通过让他们讲述对未来状态的期许,帮助他们将情感业务成果具象化、内在化。

记住,在表明你的立场且搭建价值桥梁时,不仅是你在说,与此同时,买家的脑子里也会思考两个重要的问题:"那又怎么样?""这跟我有什么关系?"

如果你的价值桥梁无法解答这两个问题，你就很难和买家达成一致。

下面是一个搭建价值桥梁的例子。朱利安正在与一家制造型企业的首席财务官阿尔巴谈判，该企业的总部位于俄亥俄州克利夫兰。阿尔巴试图还价，减少朱利安提出的基于云计算的账户应付款项的月度成本，并向朱利安索要折扣。以下是朱利安证明其方案价值的方法。

利用 Ledge 技巧：我了解到您留给制造环节的备用资金并不宽裕，也明白您不想在每月订购上多花费。2000 美元看上去很多，尤其是在您无需额外花费的情况下。

提醒买家注意问题：我们与贵公司的应付款项负责团队会谈时，他们表达了对人工程序的不满，因为这需要分类和支付每日从多个供应商处收到的发票。团队负责人鲁本说，为了保持有序，他们每个月得为此花费 40 个小时。他还说，尽管如此，有时还是会弄丢一些发票——这使他们每个月要再花 10 个小时进行一次审计。

就在上周，您损失了 900 美元，因为您的应付款项团队错过了付款回扣的最后期限。如今您和我一起回顾这些数目，在过去的一年里，人工流程导致您的团队最少估计错失了 10 万美元的付款回扣。

但是，这些事情让公司里的每个人都感到沮丧，且给您带来最大压力的是部门内部频发的意外。

提醒买家之前已谈妥的款项：阿尔巴，为了扩大公司规模，需要一个基于云的应付款平台，您也认同这一点。在试用时，您的团队很喜欢我们的平台。您的应付款项团队经理雷娜说，这是她用过的最易上手的工具。

您最感兴奋的是集成移动仪表盘，这一设备让您和所有部门负责人都能看到影响 PEL 的应付款项。那就意味着，您和您的团队在月底不会遭遇任何"惊喜"。并且，根据鲁本所说，这一设备能让您每月不用花费 10 个小时来进行全面审计。

搭起价值桥梁：但我真的明白您对价格的顾虑，现在我们来快速算一笔账。省去人工分类发票和每月审计所需的时间，我们的产品每年至少能节省超过 3.7 万美元的直接薪酬成本。

通过重拾您错失的付款回扣，您将获得至少 10 万美元的收入，这有效地把应付款项转变成利润来源。根据您和您的团队的度量标准，您将投资 2.4 万美元以获得至少 13.7 万美元的投资回报率。这个回报相对于付出的软件成本来说，难道不是一个很划算的交易吗？

注意上述例子是如何实现信息交流的。显然，销售人员为当下窘迫的局面提出了妥善的解决方案，生动地描绘出一个更好的未来状态（情感业务成果），并使用阿尔巴的语言展示了具体的投资回报（可视的业务成果）。

构建价值桥梁，是一个联结你的解决方案与客户预期业务成果的过程。这一过程必须通过买家语言完成，而非你的语言。它不是销售人员对产品特点和优点的推销。

牢记你的价值

在我的培训室里，销售学员们一直强调，竞争对手的售价都比他们低。他们解释说这就是他们在竞争中处于劣势，不得不加大折扣力度，且业绩下降的原因。

"好，我知道了，"我说，"但我很好奇，你们怎么知道你们的报价比竞争对手高？"

房间里一片寂静。我一直看着他们，但他们都低下了头，避免与我眼神接触。这个问题，我以前听销售人员说过几十次。我不说话，等着答案浮出水面。

最后，坐在后排的一个年轻人举起了手，如实回答："我碰见的客户都是这么告诉我的。"

事实是，买家通常比销售人员更了解市场和竞争环境。这一点，可以解释为什么买家几乎总是比销售人员拥有更多的优势，处于更高的地位。

盲目地开始销售谈判无异于自断后路。在谈判桌上，买家会尽其所能以求利益最大化。

- 买家会告诉你，你的竞争对手的商品报价更低、性能更优、质量更高，给出的条款和条件也更优惠。
- 买家会在与你谈判时，列出交易的备选方案，以占据更有利地位。
- 买家会用市场数据和趋势来迷惑你。

如果你不停地听到这些话，却又不去核实，那你就会被洗脑。就像上文提到的推销员那样——你开始相信买家所言"属实"。这样一来，你就成了谈判桌上被操控的一方。

信息至关重要

当你表明自己的立场，并反对买家的立场时，你说的话和表达方式都非常重要。你必须使用自信、直接且精确的语言，毫不犹豫地表明立场，同时牢记你的价值。

第 7 章 销售谈判对话框架

你是买家的交易首选。他们选择了你,你已胜出,现在你必须达成交易。

当你证明你的价值时,切忌把事情复杂化。若情况复杂、难以把握,买家就会无心关注,转而用"价格还是太高"之类的话搪塞你。

人脑是有惰性的,倾向于认知负荷最轻的路径。人们更喜欢简单,而不是复杂。因此,复杂、晦涩、难懂的解释可能会使买家失去兴趣。

为避免自毁前程,请保持语言的简洁,采用直接和简明的表达——说得越少,效果越好。在正式谈判前,多做数学练习,确保自己可以清楚地搭起价值桥梁。多练习应对"那又怎样"的语气,销售谈判需要捍卫自己的价值。因此,在为销售谈判制订计划时,准备好用明确具体的数据,而不是无关紧要的流程图,来解释自己的立场。

表明立场,目的在于使买家接受你的说法和商业提案,最终达成交易。在表明你的立场时,请小心避免一切可能被视作示弱的言语、语气和姿势。

如果你底气不足,言辞含糊,处于防守姿态,那么买家就不会信任或相信你,你的价值桥梁也会随之变得无足轻重。相反,就像狮子把弱小的羚羊从羊群中分开一样,买家会毫不留情地向你出击。

买家会根据他们的目的而非你的目的来猜测你的信息。坐上谈判桌,就相当于登台亮相,买家会仔细地观察你的全部,你的一言一行、一举一动被他们尽收眼底。买家会观察你的言语和非言语交流与你的行为是否一致,他们能洞悉你可被利用的任何弱点或任何影响你信誉的负面因素。

人类容易把注意力集中在明显的事情上,而引人注意的事情通常都是负面的，例如酸痛的拇指。这就是消极偏见效应。

相比关注好事，人的大脑更易聚焦于坏事。负面观点对我们的反应和行为的影响要大于正面观点。负面的信息、想法和图像会更吸引我们的注意力。

你与买家交谈时，小的负面观点可能会慢慢累积，最终导致买家不再相信你。当你缺乏情绪控制力时，通常催生不确定因素，并通过以下方式触发消极偏见效应：

- 答非所问；
- 谈到一些合同中没有提到的、无可商榷的事项；
- 把你的顾虑或财力全都告诉买家；
- 防备心满满；
- 展示不确定因素；
- 太容易和过早地做出巨大让步；
- 努力用简明扼要的方式来解释价值交易；
- 使用不安全的、被动的和无力的语言；
- 不断解释，因为你被沉默吓到了。

一旦买家认为某些事情是错误的，他们就会寻找证据来支持他们的观点。这就是确认偏误效应——买家会关注那些能证明你的不足的事情，并要求你做出更多的让步，以降低他们自身犯错的概率。

达成协议

只有当你所有的计划和准备都在谈判桌上谈妥时，才能算是达成协议。在交易框架的调整阶段,你需考虑报价并准备好还价。

"结盟"步骤的目标是与买家协商谈判,同时守住你最有价值的筹码——解决那些对你的收入和公司利润有负面影响的问题。

有一致,就有共识。如果买家赞同你的价值桥梁和解释,那双方便可在你提出的价格、条款和条件的基础上,握手缔约。这是最好的结果,也是你的目标所在。

但有时,在你解释完之后,会出现一点分歧。为与买家达成协议,你需要做出一些让步。"发现-解释-结盟"这一过程是不固定的。在复杂的情况下,谈判中遇到的每个大问题上都可能反复进行这一过程。

幸运的是,当你作为买家的交易首选,并展示强有力的价值桥梁时,协商对话往往是合作且透明的。在这一点上,做出让步通常是为了让买家挽回一些颜面。

专注于你的销售谈判导图

你要做出让步。你要在价格、条款和条件上与买家周旋,争取利益。但是,正如尤吉·贝拉(Yogi Berra)所说:"如果你一开始不明确你要去哪里,最终你到达的可能就是另一个地方。"当你在销售谈判时,可能出现的情况就是:当你与精明的商家在销售谈判时,他们可能随时会把手伸进你的口袋,拿走本属于你的钱。

当你进入销售谈判对话的"结盟"步骤时,重要的是你要:

- 熟知买家的问题清单和他们的协商参数;
- 盘点你的谈判筹码;
- 熟知你可以做出的"虚假让步"——对你来说无关紧要,对买家来说意义重大；
- 练习过你的"给予–索取"清单；
- 熟知你的谈判权力、限制和不可谈判事项；
- 熟知你的目标区域和底线区域。

"调整"步骤的始末都与销售谈判导图息息相关。每一场销售谈判都有其专属的导图。导图内容明确且涵盖了整个谈判过程，使你在谈判中保持正轨，让你的团队胜出。

- 你的方案就是谈判的落脚点，也是"给予–索取"清单的起始处。这是你能争取到的最佳结果。
- 底线区域是谈判可能达到的最差结果。若你非常想缔约，而又在谈判中处于劣势，你可能就会进入底线区域。
- 目标区域内是你的备用计划。如果买家不接受你最初的提议，你应重返目标区，并且继续为你自己和你的团队争取胜利。
- 在让步范围内，设置你的"给予–索取"清单。这一步的目的在于做出正确的让步，满足买家需求并维护你的利益。同时，你的让步也让买家停止谈判，然后达成协议。

设置"给予–索取"清单

给予和索取，是一种谈判艺术。这就像玩扑克牌一样，游戏策略是利用对你来说价值较低但对买家来说价值较高的优惠，使他们做出对你价值高的让步。在这个过程中，你的目标是迫使他们与你达成交易（见表7–2）。

表 7–2　　　　　　　　　谈判筹码价值表

谈判筹码	对你的价值		对利益相关者的价值	
	高	低	高	低

每一次让步都要付出代价。一旦价格对买家来说太高，就会进入"调整"步骤。这种价值交换方式可以减少矛盾，并维护你的利益空间。

当你需要做出让步时，列好"给予–索取"清单。如果没有回报，你要避免在谈判桌上做出任何让步。你要寻求的是同等价值或更高价值的回报，例如：

- 如果买家说他只能接受 90 天内结清款项，而你的方案是 30 天内结清，那么只有在价格提高 5% 的情况下才可答应买家的条件；
- 也可以对超 60 天的未付款项加收 2% 的利息，但对 30 天内付清的款项（税前）提供 2% 的折扣；
- 作为降价的条件，需在协议上附加条款；
- 降低低利润产品的价格，以换取更多高利润产品的订单；
- 去掉某个重要的买家合同规定的担保后，你才能答应给出一个较低的价格。

在销售谈判中，给予－索取等类似的博弈数不胜数。成功的谈判都会存在"虚假让步"，这些让步对你来说无关紧要，但对买家来说意义重大。

"虚假让步"是一种有效的给予－索取交换策略，因为它让你在给予买家所求的同时不损耗自身的利益。这些让步通常都与你的产品或服务可能包含的特性有关。"虚假让步"这一策略可留作筹码备用，亦可在买家开始要求你做出巨大让步时与其周旋。

把你的"给予－索取"清单分成两部分：第一部分是目标区的备用方案，第二部分是底线区的备用方案。设置好你的清单，一步步执行，使谈判进程慢下来。循序渐进地做出让步，不要想着一蹴而就。

谈判情境千变万化，谈判进程可能会朝多个方向发展。因此，你需要准备好应对任何情况。准备越足，结果越好。

- 在脑子里模拟销售谈判的全程，锻炼应对多种场景的能力。
- 思考一下买家可能会提出的优惠和他们可能采取的行动，然后构思相应的对策。
- 思考每个对策可能带来的意外结果。
- 以你相信的成功缔约和谈判取胜为出发点，设置你的"给予－索取"清单。

模式绘图

当你的进退变得有规律可循时，你教会了买家如何根据规律进行还价。模式绘图是你如何翻转脚本、改变游戏，并重新获得控制。它是用精确的数字和没有规律的让步来扰乱买家的预期，能帮你扭转局势，重新掌握控制权。

精确的数字

研究表明,若销售人员按整数做出让步(例如5、10、20),其效果远没有直接给出一个精确的数字好。这里有两个原因。

第一个原因,大脑倾向于忽略惯常而关注异样,这是一种简单的生存机制。我们关注那些异常的事情,因为它们可能至关重要——可能是威胁,也可能是机遇。

一方面,因为大多数销售人员都习惯用整数来做计算,所以他们的模式很容易被预测,无法引起买家的兴趣。另一方面,精确的数字是出乎意料的,打破了固定模式。因此,提出精确的数字更有效,更能吸引买家,会使他们集中注意力并思考。

第二个原因听上去可能很奇怪——精确的数字能让他人觉得你很自信。结果证明当你给买家提出一个精确的数字时,比如26.37美元,与25美元相比,他们认为你对自己的报价更有信心。此外,准确的数字也会让买家觉得没有多少讲价的余地,从而让他们更有可能接受你的还价,达成交易。

没有规律的增量

销售人员常常陷入一种可预测的模式,即以相同的增量做出让步。例如,他们会以10%或1000美元的折扣量降低价格——这正是提醒买家不断要求让步的信号。一旦销售人员陷入这种模式中,它就形成一个循环,最终的结果很可能是不断降价,每次折扣10%或1000美元,直至达到底线价格。

最好的方法是以没有规律的增量来议价。例如，我通常会从小降价着手，假设我的最初报价是 10 万美元，目标区是 9 万到 9.5 万美元，而买家说他们只能付 8 万美元。

比起接受买家的诱惑，接受 8 万美元的定价，我会稍做停顿，并以 9.93 万美元的价格还价。我的目标是观察买家的讲价幅度。

除非买家拒绝讲价，这意味着我们无法达成交易。他们下一步很可能是更大限度地转向我的立场——几乎总是以整数倍加价。比如，买家可能会把给价提高到 8.5 万美元。

为了答谢他的慷慨让步（人往往会重复任何收获回报的行为），我将以更大的让步来还价——再降低 2479 美元。这时买家通常会再提一次价——可能是 5000 美元，给价达到 9 万美元。这时我才明白，双方在最初的 10 万美元目标价位上是一致的。

我的下一步动作就小多了。对买家来说，这是提示议价结束的信号。这一次，我只会再降价 680 美元，并表示"这是我能给的最大优惠了"。

到那时，我们通常能达成一致。我揭了买家的底，摆脱了他的圈套，也打破了他的模式，使最终价格位于我的目标区内，为我的团队赢得了胜利。

如果买家继续向我索要更多，我会保持长时间的沉默，然后继续说："我真的没法优惠这么多。"接着用比我刚提的数目更小的量来还价。"真的，我最多只能再优惠 490 美元。"然后我闭嘴，静静地等待，让沉默成为我的利器。

或者，我也可以提供一些价格以外的好处，比如免费送货和安装，以代替价格折扣。这表明我转向更符合买家预算的产品和解决方案。或者做出一些"虚假让步"——如提供培训、安装和附加服务,来代替额外的折扣。这些都是你需要在"给予－索取"清单中列出的选项。

朋友,你落入圈套了

我的销售学员给我打电话,为他正在谈的生意寻求帮助。他给买家的报价是 3 万美元,且买家将他视作交易首选。

"客户给价 1.5 万美元,罗兰(买方)说他今天打算以这个价格签合同。我在想还价到 1.7 万美元。我觉得我能让他点头签字,你觉得呢?"

我一听就笑了:"朋友,你落入圈套了!"电话那头一片安静,他没再说话。

锚固偏见是一种很难察觉的人类偏见。大脑会根据最初接触的信息做出快速的决定,这些信息也会影响你随后的判断。例如,谈判刚开始,买家就以"你的竞争对手报价比你低 20%"这句话转移你的注意力,你就可能以此为起点进行接下来的谈判。

在这种情况下,你将面临双重挑战:既要避免被局限在"20%"这个数字里,又要留心不去靠近"竞争对手的价格"。你的竞争对手报价多少无关紧要,因为你才是买家的交易首选,买家想和你做生意。你还必须思考信息的来源:那句话对谁最有利?

你应忽视这些转移注意力的话,专注于你的价值桥梁,并想办法摆脱圈套。

在销售谈判中,一旦确立"锚点",谈判就容易围绕"锚点"进行——无论这一"锚点"是否有效,是否合理。这就是人类大脑的运作方式。

锚固偏见是你在销售谈判桌上最强劲的敌人之一。数十项心理学研究表明,人类非常容易受到锚固偏见的影响,就算"锚点"有误也会如此。

我的学员马上会犯一个大错误。他的第一步行动是对"锚点"发起反击,好像它(1.5万美元的报价)是有效的。这恰巧证明他认为1.5万美元的价格是合理的。买家只用了一步就将他限制在一个数字上,砍掉了他一半的利润和佣金。

所幸我及时制止了他。我指导他分析买家的成功标准,并先表明他的立场来摆脱"锚点"。如果他仍需做出让步,则降价幅度不能超过800美元,且必须是一个精确的数字。他需要将重点转移到他自己的方案上。

我的学员有些犹豫,他说:"罗兰不可能同意的。"但他还是鼓足勇气,以低于原价680美元的价格进行还价。这么做十分奏效,客户又还价到了2.5万美元。最终,他们以2.8375万美元的价格成交。我的学员说,这会是他最后一次落入这种圈套。

摆脱锚点

摆脱锚点的方法有很多,其中最重要的一点是,你必须保持警觉,这样你就能在被锚点束缚时清醒过来——这个意识尤为重要。

以高价还价。如果买家完全不讲道理,我会用高于最初报价的价格来还价。我很少使用这种策略,因为这是一种极端的情况。但只要我这么做,基本都能引起买家的注意,打破他们的惯常模式。他们倾向原来的价格，这正是我设下的锚点。

回收。除了还价，你也可以选择收回对买家来说至关重要的东西，比如你可以说："这个价格也不是不行，但您可能需要自行承担拆除现场安装工作。"

高效的销售人员不会采用影响预期业务结果的方案——那些在谈判过程中由买家提出的利己的方案。而这些方案也是交易的重点，对买家来说非常重要。

换句话说，优秀的销售人员会利用投资回报公式：

投资回报=（可视业务成果+情感业务成果）–价格

通过拒绝买家的方案来改变投资回报——那些对买家期望的可视业务成果和情感业务成果有负面影响的方案。因为只要买家达成了他们想要的条件，他们就会停止谈判，与你达成协议。

取消交易。当一个锚点太过离谱时，最简单的解决办法就是取消整个交易方案，并用另一个方案代替。

"约翰先生，听了您刚才说的话，我认为也许最好的办法看看我们是否能制订另一个更符合您的预算的方案。"

这是另一种形式的让步。这么做要么会引起买家的注意，让他们理性一点；要么能帮他们摆脱困境。如果你的方案超出了买家的预算，这会让他们更愿与你合作，一起制订一个更合适的新方案。

当这种策略引起买家注意时，他们会反驳说他们希望坚持原来的提议。这样你就牢牢掌握了控制权，并使买家向你设好的"锚点"靠近。此时，买家会与你合作，寻求达成协议的办法。

如果买家不肯向你靠近,那就永远没法谈生意。

在其他存在极端还价锚点的情境中,你可能会选择终止交易。如果交易金额很小或者远远低于你的价值,那就没必要再继续下去了;如果你有完备的计划,也有正在商谈的生意,但几乎没有休闲娱乐的时间,那么现在就是你回家的好时机;如果利益相关者充满敌意、态度粗鲁,那就去跟别人做生意吧。

优秀的销售人员会管理破坏性情绪中的依附情绪,一旦他们认为谈判成功的可能性低于可接受的底线,他们就会果断放弃交易。

让买家站在你的角度思考。买家可能会在你的底线区内提出一个极端价位,然后说:"这是我能给的最高价——要么成交,要么没得谈了。"

你可以这样回答:"贝弗利先生,我真的很想和您合作,但您给的这个价格对我们来说毫无利润可言。我们似乎陷入了僵局。我想知道,如果您是我,您会怎么办?"

当你以正确的方式和语气表达时,这个策略可以很好地动摇买家原本的坚决态度。你的语气非常关键,因为错误的语气会引发争论。确保你的语气听起来像是在真诚地提问,不带有一点讽刺意味。

我们还怎么合作呢? 这是我最喜欢的一招,用来解除极端锚点,且屡试不爽。当买家试图用一个极端的锚点束缚我时,我会问一个简单的问题:"如果我不能做到这一点,我们还怎么合作呢?"这个问题其实也能带来微妙的收获。

这个问题能:

- 避免你说"不"或做出过激反应;

第 7 章　销售谈判对话框架

- 让你看起来很真诚且有合作精神；
- 暗示你可能有其他交易选择；
- 迫使买家处于投入而平稳地重新开始谈判的位置；
- 让买家提出一个合理的解决方案；
- 使协商从对抗转向合作。

转移注意力的话题

- "你的竞争对手报价比你低 20%。"
- "别的公司都提供免费安装服务。"
- "你的定价太高了，我们现在考虑内部购买。"
- "听说你的竞争对手很快就要发布软件的新版本了。我们可能要等那时再做决定。"

买家会透露类似的信息来刺激你做出让步，但这些只是转移你的注意力、让你自乱阵脚的话题。

大多数转移注意力的话题都是买家编造出来的，目的是捍卫他们的立场，使你做出让步。

这些转移注意力的话题一般都不合逻辑。例如，考虑这句话："你的竞争对手报价比你低 20%。"理性思考一下，如果竞争对手的价格比你低得多，那么：

- 买家为什么还来和你谈判？
- 买家为什么还没从你的竞争对手那里购入产品？
- 买家为什么把你当成交易首选？

所以那句话根本站不住脚。因此，不要听信这些转移注意力的话。

如果你信了,你的时间、精力和心思就都花在这上面了,无法专注于达成协议。

解除锚点示范

接下来是对解除锚点的正确与错误示范。我将通过一个非常简单的议价的例子展开说明。我故意去掉了例子中的复杂因素,以便你明晰具体步骤。

在这个例子中,销售人员推销的是二手设备——一台报价10万美元的挖掘机,买家对此很感兴趣。

错误示范

买家: 我很喜欢这台机器。你能给的最低价是多少?

销售人员: 如果今天下单,可以给您优惠1万美元。

买家: 好的,谢谢。我再看一看其他几家的挖掘机。等我考虑一下,再给你答复。

三天后……

买家: 我还是喜欢你的这台挖掘机。你说可以优惠1万美元,但其他几家开价更低,你还能再提供点什么优惠吗?

销售人员: 好吧,我可以再优惠7500美元。您看怎么样?

买家: 听上去不错。我回去跟同事说一下,问问他的意见。

两天后……

买家: 那台挖掘机还在卖吗?

销售人员: 是的。您打算买了吗?

买家: 有这个打算。我和同事讨论了一下,他觉得这台二手挖掘机已经有点年头了,你应该再优惠一点点。

销售人员: 我已经降价将近20%了,不能再低了。

买家：再便宜点，这台机器差不多就 7.5 万美元吧。

销售人员：这台机器还是值 8.25 万美元的。

买方：再优惠一点吧。

销售人员：好吧。我们折中一下，7.8 万美元，您看行吗？

买家：听起来不错。我回去把这个价钱告诉我的同事。

销售人员：好的，有问题请随时联系我。

第二天……

买家：我和另一家谈过了，他们也有一台差不多的机器，报价是 7.4 万美元。不过我还是更喜欢你的这台。如果你能卖我 7.4 万美元，我们就可以成交了。

销售人员：好吧。稍等，我问一问老板。

销售人员（几分钟后）：成交。我们现在签字吧。

正确示范

买家：我很喜欢这台机器。你能给的最低价是多少？

销售人员：能问一问您为什么心仪这台机器吗？

买方：我们想要一台较新的二手卡特彼勒挖掘机。最近有一个大项目，需要额外的设备，但我们负担不了太多维护费用。

销售人员：很荣幸您找到了我们。我们的这台二手机器不仅使用时间较短，而且有定期保养，维修记录都有保留。您很难在市面上找到这样的二手挖掘机，保证物有所值。我可以把维修记录发给您过目。您如果觉得这台机器合适，可以听一听我们的服务流程和价格。

买家：好的，我们看看。

当天下午……

买家：我们想买你这台挖掘机，但是希望价格优惠一点。其他公司也有类似的机器，但报价比你们低2万美元。

销售人员：一样的机器吗？

买家：是的。如果你的价格能便宜点，我们就能成交了。

销售人员（知道那是假的）：说实话，如果您能找到同等性能的卡特型二手挖掘机，且维修记录齐全，还能少花2万美元，我的建议是您赶紧买，因为真的很划算。

买家：嗯……那你能给点什么优惠吗？

销售人员：您打算买这台机器了吗？

买家：是的，我想要，但我希望价格再优惠一点。

销售人员：我希望您报一个合理的价位。

买家：8.7万美元怎么样？

销售人员：哎哟！恐怕不行。9.7357万美元怎么样？

买家：9.4万美元可以吗？

销售人员：9.6523万美元吧。另外，我们会在送货前把这台机器从头到尾翻修一遍。这样机器就能正常运作，您的项目也就能顺利完成了。

买家（想了想）：好的，没问题。下一步需要做什么？

面露难色，沉默不语

面露难色，沉默不语——这是出色的谈判者常用的技巧之一，能不费力地解除锚点，使买家做出更多让步。若买家要你做很大的让步，或试图用一个极低的价格束缚你，你可以叹息、发出惊讶的声音，或者一边摇头一边呼气，然后沉默几秒钟。

这可能会引发买家继续还价，给出一个更合理的价格。沉默是强大的武器，人们往往会在沉默时填补空缺。沉默的时间也给了你理清思路的机会，最重要的是，虽然你没有明确拒绝，却清楚地表明了你不会答应。

但是要注意，上述技巧也可能招致反作用，因为接受过专业谈判培训的买家都知道这一技巧。

这个技巧效用很强。当买家正确使用它时，能轻松地从销售人员那里得到很大的让步，且让销售人员面露难色，尴尬地说不出话。

沉默的力量

沉默是强大的武器，但你不能被它吓倒，别被买家的伎俩骗得拱手让出自己的利益，不要成为填补空缺的那一方。

给予－索取中最难的部分之一是，学会在报价或还价后闭上嘴巴。尴尬沉默的时刻让人感到无法忍受，仿佛时间都停滞了。因为你不知道买家会做何反应，同时感到无所适从。

在这种时刻，你开始不停地说，过度地解释，也过度地做出让步。你表现得不自信也不可信，喋喋不休，直到你说服买家。他本已打算接受你的方案，但此情此景会要求你让步更多。

把你的方案说出来之后，保持沉默。此时你脑中警铃大作、心跳加速、手掌出汗、紧张不安。但你必须咬紧牙关、静静地坐着，把电话调成静音，不要说话，让买家回应。只要你耐心一点，你就会惊讶地发现，买家一般都会赞同你说的话。

回收技巧和稀缺效应

如果说锚固效应是你在销售谈判桌上最强劲的敌人,那么稀缺效应就是你最得力的帮手。这是一种心理杠杆,它能在潜意识和意识层面上把买家拉向你,并促使他们做出行动。

因为人最想要的往往是其得不到的东西,这被称为稀缺效应。这包括任何独有的、难以获得的或数量有限的东西,尤其是还有其他人想要的时候。

这一效应可以沿用到任何你想要的东西上。非互补的行为是一种回收的形式,要表现得放松、自信。当你看起来不关心结果且意欲离开时,会把对方拉向你,使他们想要与你达成协议。

每个人都想被别人追随,这让我们感觉很好。若你表现得冷静、利落、放松,并做出"我不需要这笔交易"的表情,你就能在买家身上激发稀缺效应,使他们更想要跟你做交易。在潜意识层面,这种行为打乱了买家的计划,他们想让你回来。你拥有了改变买家行为的强大能力。

在给予-索取的过程中,回收技巧将是你的制胜法宝。当你让步时,你也会拿走一些东西。这一点很重要,因为当你从买家那里拿走某些东西时,他们的注意力就会变得集中,然后突然想跟你要回来。若这些被你拿走的东西对买家来说价值巨大、至关重要,他们就会停止谈判,与你达成协议。

想要回收技巧发挥作用,冷静、放松的表达方式和善用沉默是关键,这是一种微妙的技巧。

回收某样东西之后,闭上你的嘴巴,耐心一点,等待。回收技巧就像磁铁一样,把买家吸引到你的身边,扭转局面,让你掌握控制权。回收技巧发挥得更好时，他们甚至会坚持为你刚刚拿走的东西而抗争。

在其他情况下，因为买家觉得你拿走的东西很有价值，并且认定作为一个谈判者，你是一个不会轻易妥协的人，他们会变得更愿与你合作——从"我们还怎么合作"变成"你还能给我什么优惠"。回收技巧让你得到了尊重，你破解了买家的冷漠，成功缔约也就不再是难事。

锁定交易

"铁血将军"乔治·巴顿（George Patton）曾说过，你应该"永远不要为同一块土地付出两次代价"。无论是战争还是谈判，这都是一个明智的建议。你最不想要的就是相信你有一个协议，结果得知（一旦你计算过你手中的筹码）你没有。

沟通并不意味着认同对方。买家只是点点头、微笑或说了"是"，这并不意味着你们达成了一致。

销售人员每天都在做这样的假设，这样做会让他们很恼火。老实说，看着真让人心碎。这就是为什么我的团队里没有人会提前庆祝，除非已经签下合同，货款已到手。

谈判结束时，若一切都还只是空谈，交易尚未锁定，通常都是因为销售人员没有问清楚。为什么销售人员最终仅做出假设而未达成交易，首要原因是他们没有提出要求。在销售谈判中，如果你不提出要求，那你就会输。

提出要求是销售谈判中不可或缺的要素，它也是锁定交易和成功缔约的关键。你必须直接、自信、果断地提出你想要的东西。

当你相信你与买家达成协议时，立即要求对方做出承诺，并通过以下方式锁定交易。

- 以信用卡、支票、电子支付或电子汇款等形式付款。
- 采用书面或电子形式的合同签署协议或采购订单。
- 锁定交易的象征。当我了解、信任并与人有过交往史时，握手并明确确认最终协议就被认为是锁定交易的象征。这也是我的经验之谈。
- 谅解备忘录。在一些复杂的谈判中，达成最终协议是一个过程，而不是结果。在这种情况下，应在每次谈判后发送一封谅解备忘录，以确认双方已谈妥的事项，以及仍需协商的问题。

提要求准则是成功缔约的真正秘诀

如果你想在销售谈判中获胜，并不断成功缔约，就必须牢记提要求准则。这是销售过程中最重要的一条准则，提问是开启的钥匙，能帮你：

- 核准相关信息；
- 成功预约；
- 获取样品；
- 向上至决策者下至有影响力的人看齐；
- 获取制订商业方案的信息和数据；
- 推进至下一步；
- 获得买家的小承诺；
- 获得买家的购买承诺；
- 缔约成功。

在销售谈判中，提要求至关重要。如果你学不会，你最后会把东西从你的办公桌搬到你的车上，然后再去领取失业救济金，就等着被炒鱿鱼吧。这一点与你的收入和职业生涯息息相关，你和你的家人都会为此受到影响。

不会提要求，你一定会失败。这是板上钉钉的事情，这个事实不会改变。

你没得到你想要的，是因为你没有提出要求

如果你总是觉得预约很难、约见决策者很难、获取买家的信息很难、在公司里升职很难、达成交易很难——这并不是因为你不懂探明信息、成交的技巧或言语不当，也不是因为你缺乏应对分歧和谈判的策略。

你没得到你想要的，是因为你没有提出要求。为什么这么说？十有八九是因为你心里没底，被动地跟买家周旋。你害怕听到他们说"不"。

在此状态下，你应自信而果断地提出要求，而不是只在心里希望、盼望，不说出来。你犹豫不决，使用软弱被动的词语。你的语气和肢体语言流露出不安全感和绝望。你等待你的潜在客户做你的工作，预约会面，确定下一步计划，或者自己完成交易。

你不能犹豫不决，言辞不能毫无气势、被动消极，也不能让你的语气和肢体动作看上去没有底气且无助。不要奢望潜在客户能帮你完成你的工作：预约会面、确定下一步计划、自己完成交易。

他们根本不会这么做。

相反，他们会抵制你并发起反击。他们会排斥你、拒绝你，对你弃

之不顾，甚至会欺压你。在销售谈判中，被动消极毫无作用，底气不足不能成事，渴望空想也行不通。

只有直接、自信、果断地提出要求才能成功缔约。

成功没有捷径

如果一直要求买家做承诺，销售人员就会痴迷于寻求捷径，仿佛无须开口就能奇迹般地达成交易。

销售人员寻求成交的技巧，就像高尔夫球手渴望完美的推杆一样。底气不足的销售人员心里惴惴不安——正是吃准了这一点，数不胜数的销售伪专家冒了出来，谎称他们的秘密能让销售人员永不失手。

他们错了，这里面没有什么秘密。你永远也不要听信那些专家的建议，他们连纸袋都卖不出去。

- 没有完美的推杆能让你一夜之间在高尔夫比赛中少打20杆；
- 在销售谈判桌上，被拒绝的挫败感和分歧冲突都是不可避免的；
- 没有什么话能让每个潜在客户都惊叹屈服；
- 没有什么妙招能把每一个"不"都变成"好"；
- 没有什么捷径能直接使交易达成。

这是**一个残酷但不可否认的事实**：销售谈判中的一切都始于且依赖于提要求准则。想要在谈判中胜出，你就必须放弃幻想，鼓起勇气，用实际行动锁定交易。

下一步与相关性竞争

在印度孟买一家豪华酒店顶层的会议室里,我的学员们越来越坐立不安。透过他们身后的窗户,我看见大海顺着蓝色的地平线延伸向远处,海面上的几艘小船结束了一天的钓鱼作业,正在驶向岸边。

我正在为一群来自印度的专业销售人员讲授综合销售情商培训课程。我们已经认真地上了三天课,努力让他们以不同的思维模式看待销售过程和接近买家的方法。

他们很早就迫不及待地报名上课了,但现在课程快要结束了,我感到有什么东西在酝酿着。我们正在深入讨论,在销售过程中的探索阶段结束后,如何在业务成果图上与买家达成一致。这时,坐在前排的一位学员打断了我的话。

"杰布,你说的情况在美国适用,但我们是在印度做生意,你不了解印度的买家。我们可以用你教的方法,但可能收效甚微,因为印度的买家只关心价格低不低。"学员纳文很沮丧,声音颤抖。

你不明白

"杰布,你不明白。"无论何时何地,在我的培训课里我总能听到这句的话。

我在国外时,他们会说:"杰布,你不明白。因为你是美国人。"我在国内时,他们会说:"杰布,你不明白。因为我们公司的情况不同(或者是产品、服务、客户、买家、利基、位置、地域等任意一个原因)。"

从莫斯科到米兰,从里斯本到伦敦,从上海到圣保罗,从迪比克到迪拜,从亚特兰大到阿姆斯特丹——类似的说辞不胜枚举。销售人员能为交易失败寻找上千个理由。今年年初,一个接受"狂热侦查者训练营"的销售学员甚至花了10分钟的时间试图说服我。他板着脸告诉我,弗吉尼亚州的客户不喜欢在上午10点前接电话——这是一个荒谬的借口。

- "我们的客户不一样。"
- "在我们的行业(公司、文化、国家)中,情况不一样。"
- "我们打交道的客户比其他行业的客户的更精通谈判。"
- "我们说什么做什么都不重要,客户只关心价格。"
- "我们行业的客户把我们当商品一样挑来挑去。"

这些都是谎言和借口。世界各地的专业销售人员用这些借口来为他们在谈判桌上的失利做辩解。

几周前,我在芝加哥为国内一群经验丰富的客户经理教授销售情商培训课——他们是负责与我的最大客户(一家全球制造商)打交道的销售人员。其中一位经理的语气十分笃定地说道:"但是杰布,你不明白。你教我们通过销售流程、构建价值桥梁促成成交,这在其他公司可能有效。但我们的客户不同,他们只关心价格。"

我笑了笑,这纯粹是一种错觉。"尼尔,据我所知,你的产品是你们这行售价最贵的,对吧?"

"是的,"他回答说,"有时我们的价位比竞争对手高出很多。"

"为什么会高那么多?"我问。

"因为我们的产品质量上乘,服务一流,是业界翘楚,比我们的竞争对手价值高得多。"他自豪地说着,瞥了一眼坐房间后面的销售主管,后者点头表示赞同。

听完,我不留情面地说:"既然如此,尼尔,我很好奇。正如你所说,贵公司的售价是市面上最高的,但你们的客户都只关心价格。那请问贵公司是如何经营下去的?"

他试图回答,却一直结结巴巴。终于,他醒悟了。

一个残酷的事实是,如果买家只关心价格,那你的公司根本不需要销售人员,因为可以直接线上销售,让买家点击购买。

回到孟买

位于孟买的培训室里挤满了人,这些学员在其利基市场中负责质量最优、价格最高的品牌销售。某人打断我说话之后,我也以相似的逻辑引导他们。

但他们换了一种说法,因为不愿接受事实:"杰布,这里不是美国。印度客户是世上最精明的谈判者。我们这里有不同的文化背景。"

如果有相机,我一定会拍下我震惊的表情。我盯着这群来自印度的受过大学教育的专业销售人员。他们告诉我,他们无法和印度客户谈判,因为那些客户太难缠了。他们认为,这是文化的问题,但他们忽略了一个明显的事实——他们也是文化中的一部分。

虽然我站着摇头,但我确实能感同身受。我 20 岁出头的时候,曾在一家地方电台做广告销售。我所在的城市有一个繁荣的印度社区,我负责的区域有很多印度人经营的企业。

与我在孟买的学员描述的一样,我发现印度企业家强大到令人敬畏。他们在谈判中雷厉风行，常常让我惨败。我在印度社区的生意惨淡，这令我万分沮丧，甚至考虑过辞职。

在一个周六的下午，我坐在父母家后门门框上，跟我的父亲抱怨了一番。"他们做得不公平！"我出声抱怨，希望能得到认同的安慰，"那些印度老板都不知道在美国是怎么谈生意的。我讨厌和他们打交道！"

我父亲的回答完全出乎我的意料。他没有站在我这边，而是严厉地告诫我："杰布，这不是他们的问题，是你的问题。那些老板只是在做他们应该做的事情，他们在维护自己的公司和利益。你觉得他们欠你什么吗？难道他们应该像我们一样，让着你吗？难道我们美国人这么做，他们就该这么做吗？"

我想打断他，但他先举手示意他还没有说完："你的问题在于你的心态没有摆正，无法看清事实。你不是在反省自己，而是找借口，责备你的潜在客户。"

"你得清醒过来。需要做出改变的不是他们，是你。你要成为一名优秀的销售人员。你需要给他们一个同意你的报价的理由，让他们跟你做生意。你无权参与他们的广告业务，你要争取的是你自己的业务。"

我被他的话刺痛了，尴尬得满脸通红，因为我被迫直面自己的偏见和糟糕的态度。整个下午我都十分恼火，为我父亲那样斥责我而感到气愤。

但我知道他说得对。如果我想在我的地盘上赢得印度老板的生意，就必须改变三样我能控制的东西——我的行动、反应和心态。我想，是时候开始管理情绪、调整心态、转变想法了。我要自信地走向谈判桌，成为一名更优秀的专业销售人员。

我做到了，但这并不容易，不能一蹴而就。改变心态从来都不是一件容易的事；但随着时间的推移，我学会了用正确的问题来接近印度企业主的正确方法。我还懂得如何让他们参与协商、搭建价值桥梁并证明我的价值。

最重要的是，我学会了如何控制自己的情绪，毫无怯弱地面对这些谈判大师。我意识到，以前觉得和他们谈判很困难，因为他们会控制情绪，而我不会。

他们希望自己的生意达到最好的结果，而我只希望他们喜欢并认可我。若他们冷淡待我，让我觉得自己无关紧要，我就会沮丧不安，没有安全感，感觉受到了排挤。所以，是我存在问题，不是他们。

在孟买的培训室里，我的学员们也体验着同样的破坏性情绪。我的故事令他们认清了事实，我们的谈话使他们从找借口转变为真诚和透明的讨论，我们商讨关于他们需要如何改变，如何做一些不同的事情来为他们的团队赢得胜利。

成长之路十分艰辛

广告销售的工作结束后，我转战另一家更大的公司——在一个竞争异常激烈的行业里做销售。

我推销的产品和服务并不吸引人，而且被大多数人视作基本商品，但这份工作很赚钱。我早就知道，行业的热门程度往往与所得佣金成反比。因为我喜欢钱，所以我选择了平庸的产品。

"这个产品哪家的都一样，给我你能给的最低价就行了。"这是客户常对我说的话。他们认为，本行利基市场上的供应商之间没什么区别。

更糟糕的是，市面上的每一家公司（包括我的公司）所提供的销售担保和推销本质上都是一样的。也难怪，买家看不出我们之间的差别。

行业内的竞争异常激烈，买家们要求苛刻，毫不宽容。因为他们明白，主动权在他们手上。每次交易都如同激战一场。渐渐地，我学会了不要轻易谈判，除非已被当作交易首选，否则下场会很惨。

在这种残酷无情、胜者为王的环境里，那些只会在价格上周旋的销售人员很快就会崩溃。不会谈判的人，只能靠别人抢剩下的东西生存。

对于只会在价格上周旋的销售人员来说，在这种竞争激烈的环境下，逐底竞争时间短、速度快，而且结束得很仓促，其胜算并不比去当地的便利店买彩票大多少。

想要屡战屡胜，必须使自己脱颖而出，它要求我把每一次销售谈判都当作国际象棋比赛来对待。达成交易没有捷径可言，每次交易都必须赚到钱。很幸运，我从那段给印度企业主做广告销售的经历中学到了一些宝贵的经验。

在这个新的环境下，我学会了如何把控销售游戏，也学会了MLP策略，以及与买家建立情感联系十分重要。因为这些东西给予了我影响力，从而影响买家的行为，破解"给我你能给的最低价"把戏，把控销售谈判的全过程。

一旦我逐渐取得过程控制权，我就可以扭转买家的观念——每个供应商看起来都一样且"唯一重要的是价格"，也使我从任人挑选的商品变成他们的唯一选择。

相关性竞争

从那时起,一切都在发生转变。技术不断加速发展,出现了颠覆性的改变,商业模式也经历着飞跃式的发展。较低的准入门槛使人们争先恐后地加入竞争之中,社交媒体和互联网也改变了买家获取信息的方式。

如今,买家比以往任何时候都掌握更多主动权——拥有更多信息和更多对销售过程的控制权。与此同时,他们已经对销售人员背诵产品性能优点的销售模式失去耐心。

买家期望在销售谈判中获利更多,他们想要的不只是销售人员宣传册里的东西。买家早就厌倦了被视同交易。

很多销售人员都要面对一个冰冷残酷的事实:价格不能作为竞争优势。在价格上做文章只会让你看起来和其他人一样,而且增强了买家在销售谈判桌上的主动权。

此时此刻,销售行业内有两种类型的竞争——逐底竞争和相关性竞争(见图7-2)。

交易型	附加价值型	咨询型	业务成果型
方法:请购买我们的产品	方法:我们会提供安装和使用培训服务	方法:咨询专业知识,推荐解决方案	方法:关注价值。运用投资回报公式可视业务成果
销售情商:低	销售情商:中等	销售情商:高	销售情商:超高

逐底竞争 ←――――――――――――――――→ 相关性竞争

图7-2 四种销售方法

逐底竞争就是以最低价竞争。在这种竞争中，即使你赢了，你也会输。如果你们要谈的只是价格，如果你们会做的只有背诵营销宣传册的内容，那就别怪买家关注的只有价格了。

逐底竞争会让你走上绝路。若价格即一切，销售任务将交由互联网完成，而你无法与互联网竞争。

不过，精英销售人员正在粉碎逐底竞争模式。当今时代，信息变得透明且无处不在，买家的注意力只会短暂地集中。精英销售人员牢牢吸引了潜在客户，通过关注业务成果创造真正的差异化竞争优势。同时，他们建立起与买家的联系，使自己看起来更有价值，从而影响买家的购买决策。

要为你的团队赢得胜利，你不能只关注产品的价格和性能；相反，你必须聚焦于人际关系、交易策略，并真诚地为买家解决问题。为了在同行中脱颖而出，成为买家的唯一选择，你必须向他们展示、传递和维持可视业务成果与情感业务成果。

如今，各类产品和服务迅速商品化，这是个残酷的事实。虽然定价变成了一件很容易的事情，但你不能轻易这么做。在谈判桌上，你必须展现自己的完整流程、商业嗅觉、周全考虑和专业知识。通过为客户展示真正价值和投资回报，成为一个发挥稳定、适应力强的专业销售人员。

附录　培训课程、讲习班和演讲

本部分也是销售培训的一部分。

Sales Gravy 机构专业提供体系完整的培训课程和讲习班，面向销售人员、客户主管、客户经理、专业客服、渠道经理等相关人士。

我们提供的培训课程、讲师指导虚拟培训、自主在线学习和讲习班包括：

- 销售谈判技巧；
- 业务成果销售策略；
- 销售分歧处理训练营；
- 销售情商；
- 狂热掘金者训练营；
- 销售业务排序策略；
- 发掘潜在客户的高招；
- 英才招聘训练；
- 招聘情商；

- 招聘水平进阶；
- 情境训练；
- 超水平发挥训练；
- 信息的重要性；
- 业务指导销售（云端、软件服务、物联网）；
- 渠道情商；
- 企业销售技巧；
- 客户体验销售（企业对消费者）；
- 自适应账户管理；
- 客户情商；
- 适应性合作（渠道管理）；
- 适应性指导。

所有培训课程均由我们的专业认证培训师讲授，或由你的学习和发展团队授权提供。我们在 Sales Gravy 线上平台（https：//www.SalesGravy. University）提供自主学习指导，通过虚拟教室体验讲师指导的远程学习和丰富的课堂学习经验。

培训媒体、教育设计和教学内容与成人学习偏好息息相关，且反映在不同年龄层的人的学习风格中。我们采用主动学习的方法，将互动式教学与体验式学习和角色扮演场景相结合，以提供参考经验，从而确定核心概念并坚持训练。

除了培训，我们还专门为行业新人定制销售入职学习和销售策略集。

了解更多信息，请访问 https：//www.SalesGravy.com.

INKED: The Ultimate Guide to Powerful Closing and Sales Negotiation Tactics that Unlock YES and Seal the Deal

ISBN: 9781119540519

Copyright © 2020 by Jeb Blount.

Simplified Chinese version © 2025 by China Renmin University Press Co., Ltd.

Authorized translation from the English language edition published by John Wiley & Sons, Inc.

Responsibility for the accuracy of the translation rests solely with China Renmin University Press Co., Ltd. and is not the responsibility of John Wiley & Sons Inc.

No part of this book may be reproduced in any form without the written permission of the original copyright holder, John Wiley & Sons Inc.

All Rights Reserved. This translation published under license, any another copyright, trademark or other notice instructed by John Wiley & Sons Inc.

本书中文简体字版由约翰·威立父子公司授权中国人民大学出版社在全球范围内独家出版发行。未经出版者书面许可，不得以任何方式抄袭、复制或节录本书中的任何部分。

本书封底贴有 Wiley 激光防伪标签，无标签者不得销售。

版权所有，侵权必究。

北京阅想时代文化发展有限责任公司为中国人民大学出版社有限公司下属的商业新知事业部，致力于经管类优秀出版物（外版书为主）的策划及出版，主要涉及经济管理、金融、投资理财、心理学、成功励志、生活等出版领域，下设"阅想·商业""阅想·财富""阅想·新知""阅想·心理""阅想·生活"以及"阅想·人文"等多条产品线，致力于为国内商业人士提供涵盖先进、前沿的管理理念和思想的专业类图书和趋势类图书，同时也为满足商业人士的内心诉求，打造一系列提倡心理和生活健康的心理学图书和生活管理类图书。

《用脑拿订单：改变销售思维的 28 个微习惯》

- 培训上万名销售人员、有"销售猎人"之称的全美销售大师倾心之作。
- 一本助你打开销售全新认知、提升销售思维，成为 1% 的顶尖销售专家的制胜法宝书。

《99% 的销售指标都用错了：破解销售管理的密码》

- 国际公认的销售管理培训大师呕心之作。
- 彻底颠覆销售管理的传统观念。
- 帮助企业走出销售管理误区，让销售重归正途。